KOMPASS Wanderbuch

DOLOMITEN

Heinz Fleischmann GmbH u. Co. · Geographischer Verlag
München · Innsbruck · Bolzano/Bozen

Begehungen und Wegbeschreibungen: Friedrich Köck
Geologie: Dr. Ingrid Fleischmann-Niederbacher
Profile: Harald Heuwieser
Fotosatz: Raggl Supertype GmbH & Co KG, Landeck
Bildausarbeitung: Tiroler Repro, Innsbruck
Redaktion: Mag. Monika Niederwolfsgruber

Bildnachweis:
Titelbild: Blick vom Pordoijoch auf die Langkofelgruppe (Kasseroler)
R. Heiserer S. 25, S. 32, S. 105; H. Kraus S. 110; R. Oberarzbacher S. 18, S. 37, S. 44, S. 48, S. 55, S. 67, S. 71, S. 77, S. 78, S. 80/81, S. 89, S. 96, S. 124/125, S. 128; Scarpa S. 6, S. 20, S. 61, S. 99, S. 114, S. 127, S. 130; Dr. H. Teutsch S. 12.

Verlagsnummer 956
ISBN 3-87051-409-4

Vorwort

Die Dolomiten mit ihren wildzerklüfteten Felsregionen, den oft steil aufragenden Bergriesen inmitten blumenbunter Wiesen und lichter Lärchenwälder, zahlreichen malerischen Bergdörfern und verträumten Gebirgsseen zählen zu den beliebtesten und meist besuchten Regionen des Ostalpenraumes. Das vorliegende „KOMPASS-Wanderbuch" erschließt in Wort und Bild jenes Gebiet der Dolomiten, das zwar weniger bekannt ist, aber dennoch – oder vielleicht gerade deshalb – zu den schönsten Gegenden Oberitaliens gezählt werden muß.
In 70 sorgsam ausgewählten, ausführlich beschriebenen Wanderungen verschiedener Schwierigkeitsgrade im Großraum Cortina d'Ampezzo – Belluno und Moèna – Piavetal begleiten wir die Erholungsuchenden in Naturräume, die dem Massentourismus noch nicht so sehr erschlossen sind, die Augen und Sinne für die Schönheit der Natur öffnen und somit Wandererlebnisse von ganz besonderer Art und unerhörtem Abwechslungsreichtum vermitteln. Jeden beschriebenen Wanderweg findet man in einer Karte eingezeichnet und mit Höhenprofil versehen. Von jedem Fremdenverkehrsort ist eine kurze Beschreibung über dessen wichtigste Einrichtungen und Sehenswürdigkeiten beigefügt. Zahlreiche Farbfotos vermitteln einen Eindruck von der Vielfalt und erhabenen Schönheit dieser Bergwelt. Text, Karte und Bild ergänzen sich gegenseitig und steigern so die Information.

Möge dieses „KOMPASS-Wanderbuch" seine Freunde finden! Es soll als Ratgeber bei der Auswahl lohnender Touren dienen, ein nützlicher Begleiter auf schönen Wegbegehungen sein, aber zugleich auch die Erinnerung an nachhaltige Naturerlebnisse in den Dolomiten wachhalten.

Dr. Petra Fleischmann

Inhaltsverzeichnis

Dolomiten

In unserem Zeitalter der erschlossenen Tourismusregionen ist es kaum vorstellbar, daß wir uns an so manchem klaren Augusttag zwischen Scharen von Bergwanderern auf Pfaden bewegen, welche vor mehr als einem knappen Jahrhundert nur wenigen Forschern und Abenteurern bekannt waren. Für die Alpen trifft dies im besonderen auf den in diesem Buch beschriebenen Dolomitenbereich zu; die Dolomiten erhielten erst vor zwei Jahrhunderten ihren heute bekannten Namen durch den Franzosen Dolomieu, der das hellweiße Gestein als Magnesium-Kalcium-Karbonat bestimmte.
Zur geographischen Begriffsbestimmung mögen in diesem Buch so manchem einige bekannte Talschaften und Gruppen fehlen, welche im allgemeinen unter »Dolomiten« eingereiht werden, so z. B. Grödner Tal, Schlern, Rosengarten etc. Es sei vermerkt, daß alle diese Bereiche in anderen Bänden dieser Wanderbuchreihe berührt werden und das vorliegende Buch vor allem jenes Gebiet der Dolomiten behandelt, welches zum größten Teil im italienischen Sprachbereich liegt, mit Ausnahme des Bereiches Cortina – Buchenstein – Fassatal sowie des südlichen Gadertales, wo auch ladinisch gesprochen wird; im letztgenannten auch deutsch. Dies mag auch ein Grund dafür sein, daß diese herrliche Gebirgsregion nach wie vor stärker vom italienischen Besucher als von jenem aus deutschsprachigen Ländern frequentiert wird.
Betrachtet man den beschriebenen Bereich auf einer politischen Landkarte, so stellen wir fest, daß wir mit Bozen (BZ), Trento (TN) und Belluno (BL) gleich drei italienische Provinzen berühren. Beginnen wir mit einer Eingrenzung im Nordwesten, so finden wir hier als Nordabgrenzung die mächtigen Türme der Puez- und Kreuzkofelgruppe vor. Weiter nach Osten verläuft diese Linie ziemlich identisch mit der Provinzgrenze zwischen Bozen und Belluno, welche sich nördlich der Tofanen bis in die Mitte der Sextener Dolomiten und zum Kreuzbergpaß zieht. Die Ostgrenze bildet das obere Piavetal bis Pieve di Cadore. Von hier an halten wir uns an eine von Nordost bis Südwest verlaufende Linie, welche über die außerhalb der großen Verkehrsströme liegenden Dolomitenpässe Forcella Cibiana, Passo Duran und Passo Cereda zieht. Talschaften verschiedenen Charakters – Val Cismon, Val Travignolo, oberes Fleimstal und Val di Fassa – bilden die Westeinrahmung.
Aus dieser Beschreibung ist ersichtlich, daß wir also auf so manch »klassisches« Dolomitengebiet in diesem Wanderbuch unwillkürlich stoßen werden, so ist jedem Bergfreund auch nördlich der italienischen Sprachgrenze ein Name wie Marmolada, Tofana oder Cristallo ein Begriff.
Auch wenn sich dieses Gebiet heute beinahe als geschlossene Tourismusregion (vor allem im Winter) präsentiert, so ist doch durch zahlreiche öffentliche Maßnahmen, wie die Schaffung von Naturparks, Sperre von Forststraßen u. ä. gewährleistet worden, daß der Massentourismus nicht überall in beeinträchtigender Weise Einzug hielt und man auch in diesemBereich genügend stille und einsame Routen vorfindet, wo die Natur allihren Reichtum ausspielt. Genauso erfreulich ist auch der Umstand,

◀ Sass Maor, 2.814 m, und Cima della Madonna, 2.752 m

daß auch Landschaftszersiedelung und der »Wochenendhüttenboom« in diesem Bereich – von wenigen Ausnahmen abgesehen – nicht so stark um sich gegriffen haben wie in vielen inner- und nordalpinen Talschaften. Zu alldem fehlen in diesem Gebiet auch die großen Städte. Keiner der größten Orte (Cortina d'Ampezzo, Agordo, Alleghe, S. Martino di Castrozza oder Canazei) erreicht Einwohnerzahlen jenseits der 10.000er Grenze. Und die umliegenden größeren Städte wie Belluno, Feltre, Trient oder Bozen liegen selbst noch im unmittelbaren Randbereich der Dolomiten, daher siedeln sich aus diesen Städten kaum Wochenendtouristen im hier beschriebenen Gebiet an.

Siedlungsgeschichte

Die Dolomiten lagen im Einzugsbereich der Hallstatt- und La-Tène-Kulturen, und man ist deshalb vielerorts der Auffassung, daß dieses Gebiet zu dieser Zeit bereits besiedelt war. Zweifellos wird diese Auffassung durch die Existenz von ladinischen Sagen besonders im Fanes-Bereich gestärkt. Nachgewiesen ist jedoch eine keltische Besiedlung vor dem Eindringen der Römer in den Alpenbereich im 2. Jh. v. Chr.; vorher waren möglicherweise auch Ligurer und Etrusker in südliche Alpentäler eingedrungen. Die bei der Invasion vorgefundenen Einwohner waren für die Römer die »Räter«. Durch die weitverzweigten Talschaften fand eine vollständige Romanisierung dieses Gebietes nie statt; aus den fruchtbaren Haupttälern vertriebene Bewohner zogen sich in abgelegene Hochtäler zurück und begannen dort mit Rodung und Besiedlung. Erst im Jahre 15 v. Chr. wurde das gesamte Gebiet von den Römern unter Drusus unterworfen und blieb für fast 5 Jahrhunderte unter römischer Herrschaft. Die Auswirkung war eine Verschmelzung römischen und bodenständigen Sprach- und Kulturgutes; in weiten Teilen des Alpengebietes war nun eine »ladinische« Bevölkerung ansässig. Die Besiedlung entlegenster Täler begann wohl erst mit der Völkerwanderung, als Langobarden, Ostgoten, Franken, Slawen und Bajuwaren die Haupttäler durchstreiften, verwüsteten und sich auch z. T. selbst niederließen. So war dieser Bereich dann Teil des Ostgoten-, später des Langobardenreiches. 774 wurde das Langobardenreich durch Karl den Großen zerstört und die Dolomiten wurden ins Frankenreich eingegliedert. Bei dessen Zerfall fiel der Großteil zum Herzogtum Bayern, der südliche Bereich ans Königreich Italien. Zur Zeit der Ottonen und Salier im 10. Jh. war das Land im Besitz der Markgrafschaft Verona. Immer bedeutender wurde auch der Einfluß geistlicher Fürsten, so übernahm bald darauf das Patriarchat von Aquileia Besitz. 1487 brach Krieg zwischen der Grafschaft Tirol und Venedig aus, wonach eine Grenze entstand, die für weitere Jahrhunderte bestehen sollte: Der Bereich von Cadore verblieb genauso endgültig bei Venedig wie das Ampezzaner Gebiet bei der Grafschaft Tirol. Nur während der napoleonischen Kriege wurde diese Ordnung für wenige Jahre unterbrochen; nach dem Wiener Kongreß wurde die venezianische Alleinherrschaft durch ein Lombardo-Venezianisches Königreich ersetzt. Nach der Einigung Italiens verlief die Grenze zwischen dem italienischen Königreich und Österreich-Ungarn quer durch das Gebiet. Diese Situation führte auch bei der Kriegserklärung Italiens an Österreich-Ungarn im Ersten Weltkrieg dazu, daß die Dolomiten zum Kriegsschauplatz wurden, wo sich ein erbitterter Stellungskrieg ohne große Gebietsgewinne abzeichnete. Auf vielen Touren in diesem Buch wird der Wanderer auf deutliche Spuren dieses Hochgebirgskrieges stoßen; am Monte Piana wurde sogar ein Freilichtmuseum eingerichtet. Nach dem Zerfall Österreich-Ungarns wurde das gesamte Gebiet im Jahre 1919 Italien zugesprochen. Von all diesen jahrhundertelangen Wirren unberührt konnte sich jedoch eine ladinische Besiedlung in den Dolomitentälern halten und in neuerer Zeit sogar wieder ausbreiten.

Geologie

Die landschaftlich so reizvollen Dolomiten werden vorwiegend von Gesteinen der Triaszeit aufgebaut. Stoffbestand und Ausbildung spiegeln die Ablagerungsbedingungen wider. Als älteste Sedimente treten in der Umgebung von Auronzo, Pieve di Cadore und südlich des Falzarego-Passes Quarzkonglomerate – Verrucano genannt – des Perm (Paläozoikum) auf. Diese Abtragungsprodukte vermitteln zwischen dem an der Basis der Dolomiten weit verbreiteten Brixener Quarzphyllit (Präkambrium) und den Vulkaniten des Bozener Quarzporphyrs (Perm). Die Bozener Quarzporphyrplatte besteht aus mächtigen Glutwolkenabsätzen von zähflüssiger und gasreicher Lava, sog. Ignimbrite, die bis zu 2.000 m mächtig sind. Mit der Ablagerung der Basiskonglomerate beginnt die Sedimentationsgeschichte der Dolomiten.

Über den Quarzporphyrdecken folgt als Erosionsprodukt der Grödener Sandstein. Er wurde unter wüstenähnlichen Bedingungen, wie fossile Pflanzenreste und Tierfährten beweisen, abgelagert. In seinen jüngeren Anteilen machte sich der Einfluß des warmen Tethysmeeres bemerkbar, das langsam von Osten nach Westen auf das Festland übergriff. Darüber liegen die Bellerophonschichten. Sie entstanden in Lagunen, die zeitweilig vom offenen Meer abgeschnitten waren, so daß es sogar zu Gipsausfällungen kam. Namensgebend für diese Serie sind die charakteristischen Bellerophon-Schnecken.

An der Wende Perm – Trias verbesserte sich die Wasserzirkulation, und es herrschten rein marine Verhältnisse. In den Werfener Schichten, die an der Grenze Unter- – Mitteltrias abgelagert wurden, zeigt sich ein Wechsel von karbonatischen (Kalke, Dolomite) und landbeeinflußten Sedimenten (Sandsteine, Tonschiefer).

Bezeichnend und landschaftsprägend für die Dolomiten ist der Gegensatz von mächtigen Riffgesteinen und den durch vulkanische Gesteine aufgefüllten Becken. In diese Zeit fällt erneut eine starke vulkanische Tätigkeit. Im warmen Meerwasser wucherten auf den Riffbänken Korallen, Kalkalgen und Schwämme. Sie bauen die gewaltigen Riffkörper der Sellagruppe, die Gebirge um den Falzarego-Paß und Comelico, Marmolada und Schlern auf. Hauptfelsbildner in den westlichen Dolomiten ist der Schlerndolomit (Mitteltrias), der durch steile Wände (z. B. Rote Wand im Rosengarten und Langkofel) auffällt. In der Marmolada und im Latemargebiet treten statt des Schlerndolomits kalkige Riffgesteine auf (Marmolada- und Latemar-Kalk), die aber das gleiche Alter aufweisen. In den randnahen Riffausläufern kam es zur Verzahnung mit den angrenzenden Sedimenten.

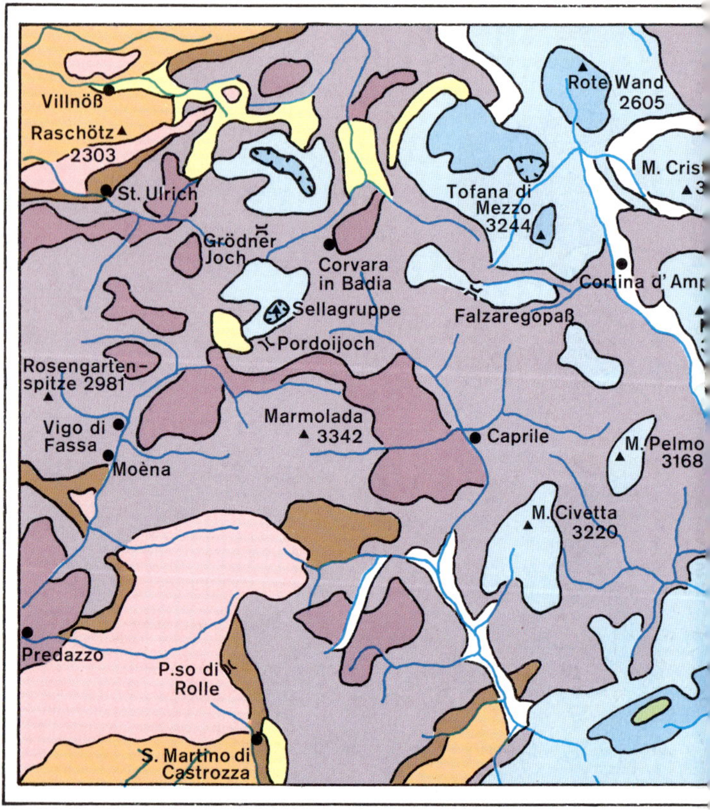

Die starke vulkanische Tätigkeit behinderte immer wieder das Riffwachstum oder brachte es ganz zum Erliegen. Die Beckenzungen zwischen den Riffkomplexen wurden mit Vulkaniten und tonigen Gesteinen, den Cassianer- und Wengener Schichten, angefüllt. Sie stehen im Kontrast zu den schroffen, hellen Kalk- und Dolomitwänden der Karbonatplattformen. Dieser Wechsel zwischen Riff und Beckenzungen kann heute z. B. auf den Bahamas beobachtet werden. Über dem charakteristisch zurückwitternden Band der Raibler Schichten (Tone, sandige Dolomite, stellenweise Gips) folgt der Hauptdolomit (»dolomia principale«) der Obertrias. Er ist Hauptfelsbildner der Sellagruppe, des Monte Cristallo, der Sorapiss-, Marmarole- und Antelaogruppe sowie des Monte Pelmo und der Civetta.

Die Dolomiten bilden eine flache Ost – West gestreckte Einsenkung, in deren tiefsten Teilen Reste von jüngerer Trias, Jura und Kreide vor der Erosion bewahrt blieben.

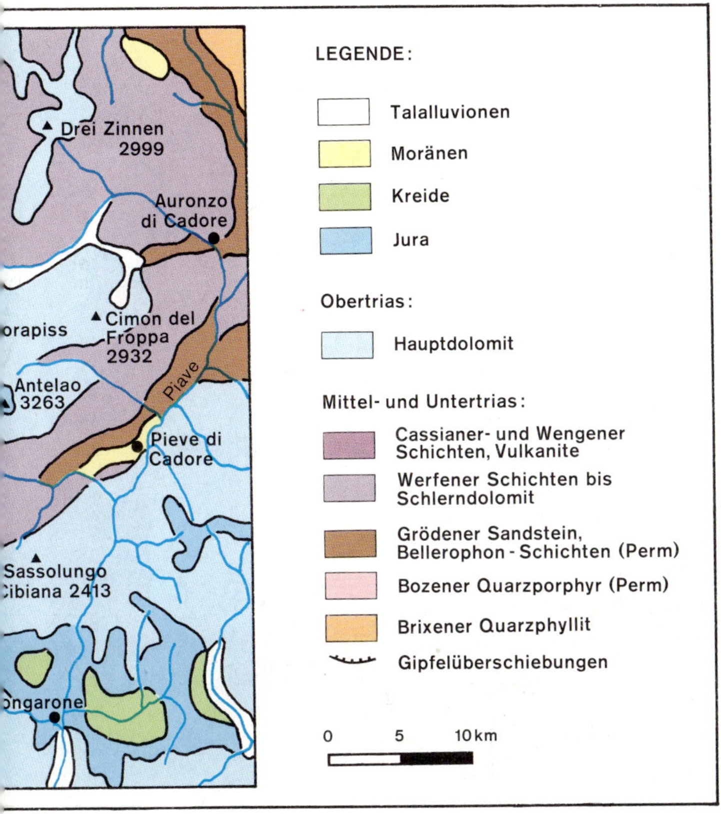

Ein besonderes Phänomen in den Dolomiten sind die Gipfelüberschiebungen. Über der normalen aufrechten Schichtfolge liegen Erosionsreste älterer südalpiner Gesteine. Sind diese Vorkommen Schollen einer höheren tektonischen Einheit?

Die südalpine Gebirgswelt ist wohl nirgends so ideal erschlossen wie in den Dolomiten. Die geologische Erforschung des Baues geht bis in das 18. Jahrhundert zurück. 1791 berichtete der französische Forscher Déodat de Dolomieu von der weiten Verbreitung eines Gesteines, »das mit verdünnter Salzsäure nur wenig braust«. Der de Dolomieu zu Ehren eingeführte Mineral- und Gesteinsname »Dolomit« wurde namengebend für den ganzen Gebirgsstock.

Seither haben Generationen von Geologen an der Entschlüsselung der erdgeschichtlichen Entwicklung der Dolomiten mitgewirkt. Denn nach wie vor gibt es Interessantes zu erforschen und zu entdecken.

Flora und Fauna

Der Dolomitenbereich ist weitläufig bekannt für seine Tendenz zu langanhaltenden Schönwetterperioden, das Klima ist im allgemeinen weit milder als etwa im Zentral- und Nordalpenbereich, dementsprechend vielfältig präsentiert sich die Vegetation in diesem Landschaftsbereich. Üppiger ist hier das Wachstum, prächtiger präsentieren sich Bergwiesen und Hochwälder. Zur Hauptblütezeit im Frühling sind so manche Bergwiesen übersät mit Krokussen, genauso dominant sind wenige Wochen später die gelben Löwenzahnwiesen. Besonderheiten in der Flora weisen jedoch so manche Gebiete rund um bizarre Felsgebilde von Dolomitengruppen auf. Hier findet man seltene Pflanzen, wie Teufelskralle, Edelweiß oder Alpenmohn. Auffallend auch die Schwefelgelbe Anemone; ja sogar aus mancher von weitem nackt erscheinenden Felsspalte blickt so manches Pflänzchen hervor; am häufigsten sind dies Blaualgen und Grünalgen. Im Forstbereich dominiert der Nadelwald mit Fichte und Lärche. In südlich exponierten Lagen finden sich auch weitläufige Kiefernwaldbestände. Herrlich dabei vor allem die Herbstmonate rund um Cortina d'Ampezzo oder im Bereich der Dolomitenpaßstraßen: Goldfarben glänzen die herbstlich gefärbten Lärchenwälder mit dem Hintergrund der bereits weiß »angezuckerten« Dolomitengipfel. In südlich gelegenen Talschaften, wie in der Umgebung von Pieve di Cadore, Agordo und Fiera di Primero, beginnt auch üppiger Laubwald mit sanfter Eingliederung mediterraner Vegetation, welches in Verbindung mit der felsigen Hintergrundkulisse oftmals äußerst reizvolle Landschaftsbilder ergibt.

Bergkrokus

Trollblume –
Trollius europaeus
Familie: Hahnenfußgewächse
Größe: bis 60 cm
Standort: nasse Bergwiesen
Blütezeit: Mai–August

Breitblättriges Knaben-
kraut –
Dactylorhiza majalis
Familie: Orchideen
Größe: bis zu 50 cm
Standort: feuchte Wiesen
Blütezeit: Mai–Juli
Bes. Merkmale:
reich gefleckte Blätter

Schwefelgelbe Anemone –
Pulsatilla alpina
ssp. apiifolia
Familie: Hahnenfußgewächse
Größe: bis 70 cm
Standort: Bergwiesen
Blütezeit: Juni–Juli
Bes. Merkmale:
auf kalkarmen Böden

Edelweiß –
Leontopodium alpinum

Familie: Korbblütler
Größe: 5–15 cm
Standort: Felsspalten und Felsschutt
Blütezeit: Juli–August
Bes. Merkmal: fünf- bis sechsblütige Köpfchen

Schwarze Nieswurz
Christrose
Helleborus niger

Familie: Hahnenfußgewächse
Größe: bis 30 cm
Standort: in lichten Bergwäldern auf Kalk
Blütezeit: Februar–April
Bes. Merkmale: wintergrün, Bestand gefährdet

Fieberklee –
Menyanthes trifoliata

Familie: Menyantacaee
Größe: 10–30 cm
Standort: Verlandungszone stehender Gewässer, Tümpel, Moore
Blütezeit: Mai–Juni
Bes. Merkmale: fünf bewimperte, zurückgerollte Kronblattzipfel

Mehlprimel –
Primula farinosa
Familie: Schlüsselblumengewächse
Größe: bis 30 cm
Standort: Flachmoore, Felsschutt
Blütezeit: Mai–Juli
Bes. Merkmale: mehlig bestäubter Stengel

Arnika –
Arnica
Familie: Korbblütler
Größe: 20–60 cm
Standort: Bergwiesen und Matten
Blütezeit: Juni–August
Verbreitung: trockene Wiesen und Moore, selten auf Kalk

Stengelloser Enzian –
Gentiana clusii
Familie: Enziangewächse
Größe: 4–10 cm
Standort: Bergwiesen und Matten
Blütezeit: April–August
Bes. Merkmale: nur auf Kalk (Gentiana kochiana nur im Urgestein)

Mit dem Verlust ihrer Unberührtheit sind in den Dolomiten auch der Reichtum und die Vielfalt der Tierwelt ständig vom Rückgang betroffen. Haben sich manche Arten trotz natürlicher Scheu und Vorsicht an menschliche Nähe gewohnt – so ist z. B. sogar das Murmeltier des öfteren im vielbesuchten Abschnitt Falzarego-Valparola anzutreffen –, so ziehen sich größere Rudel von Gemsen in Hochlagen bis zu 3.000 m zurück. In Waldgebieten sind natürlich auch verbreitete Wildarten, wie das Reh, vereinzelt Hirsche, zu sehen. Unter den Vogelarten sind am auffälligsten die Dohlen, welche Felsgelände bevorzugen. Unter den Reptilien findet man vor allem in heißen Sommermonaten am häufigsten die Eidechse vor, welche in talnahen Lagen auf sonnigen Hängen beheimatet ist.

Dolomiten – ein Ziel zu jeder Jahreszeit

Der Ganzjahresfremdenverkehr ist im Dolomitengebiet wahrlich mehr als nur ein Schlagwort. Denn es gibt wohl kaum eine Jahreszeit, in der sich ein Aufenthalt auf diesem herrlichen Flecken Erde nicht lohnen würde.
Während sich nämlich an vielen Märztagen noch Skiläufer auf den Pisten tummeln, lockt die warme Witterung die ersten Blütenknospen auf den Wiesen hervor und läßt bereits erahnen, welches Prachtbild sich in wenigen Wochen bieten wird. Herrliche Hochgebirgskulisse mit noch weißen Schneefeldern, dazu als Vordergrund saftig grüne Wiesen mit Blumen in leuchtenden Farben. Ein April- oder Mairegentag wird keineswegs als störend empfunden; umso prächtiger erblüht danach die Natur, wenn die Wolkendecke aufreißt. Viele Wanderer suchen vor allem in dieser Jahreszeit die Dolomiten auf, denn zu dieser Zeit sind wirklich viele Routen einsam, selbst das Befahren der Dolomitenpässe ist vielfach eine Fahrt in die Abgeschiedenheit.
Sobald die Schutzhütten und Aufstiegshilfen ihren Betrieb aufnehmen, ändert sich das Bild schlagartig. Nun setzt sich ein Heer von Reisenden in Bewegung; vom Spazierwegbenutzer bis zum Klettersteigspezialisten ist alles auf den Beinen, um Erholung und Landschaftserleben zu finden, was die Dolomiten in reichem Maß bieten. Oder man genießt einfach auf gut markierten und gepflegten Wanderwegen die prächtige Umgebung; für all jene sei dieses Buch auch geschrieben. Den Höhepunkt erreicht der Fremdenverkehr zweifellos im Monat August, im italienischen Ferienmonat »ferragosto«, wo man in Cortina wie auch in manch abgelegenem Dorf neben vereinzelten deutschen oder österreichischen auch Fahrzeuge mit Kennzeichen aus Rom, Turin, Florenz, ja eigentlich aus ganz Ober- und Mittelitalien, vorfindet.
Dafür gehört dann schon wenige Tage nach Ferienende, und das ist meist so um die zweite Septemberwoche, der Wanderweg wieder den Einzelgängern oder höchstens vereinzelten Gruppen. Auf den Paßstraßen werden Autobusse wieder selten, Radsportler »bezwingen« dann begeistert die Paßhöhe und sausen dann oft in halsbrecherischer Weise auf den leeren Straßen talwärts. Und wo man als Quartiersuchender vor Tagen noch wegen ausgebuchter Unterkünfte Probleme hatte, kann man jetzt meist aufs Geratewohl anreisen und recht preisgünstig unterkommen.

Sicherlich nicht nur aus Sicht des Autors ein Geheimtip ist die Zeit von Ende September bis Ende Oktober. Durch milde Klimaeinflüsse aus dem Süden ist früher Schneefall wesentlich unwahrscheinlicher als im nördlichen Alpenbereich; man wird daher weitestgehend problemlose Wege auch im Hochalpinbereich vorfinden; auch die Paßhöhen, obwohl zumeist über 2.000 m hoch, sind im allgemeinen noch schneefrei, obwohl man auf Überraschungen vorbereitet sein sollte. Und die Natur zeigt sich durch goldgefärbte Lärchenbestände und wolkenlosen Himmel mit traumhafter Fernsicht vor allem für den Fotofreund von ihrer großzügigsten Seite.

Dem Wintersport kommt in diesem Gebiet große Bedeutung zu: Olympiastadt Cortina, Dolomiti-Superskipaß mit über 450 Liften — und das alles in dieser prächtigen Landschaft, die auch im Schneekleid des Winters ihre volle Attraktivität ausspielt. Und wem der Dolomitenwinter in seiner Schönheit zu kurz war, für den kann er lokal verlängert werden: Der Marmoladagletscher bietet ein Ganzjahresskigebiet . . .

Tofana di Rozes — Südwand, im Hintergrund M. Pelmo

Checkliste für Bergwanderer

Rucksackapotheke:
Nähzeug
Sicherheitsnadeln
Schmerztabletten
Elastische Binde
Schnellverband
Dreiecktuch
Schere
Taschenmesser
Antiseptische Salbe o. ä.
Hansaplast
Papiertaschentücher
(Zahnbürste, -pasta, Seife)
Sonnenschutz (Gletscherbrille, Sonnencreme)

KOMPASS-Wanderkarte
KOMPASS-Wanderbuch
Fahrplanabschrift (Bus-, Bergbahn-, Zugabfahrtszeiten)
Notizblock, Bleistift
Ausweispapiere
Geld
Reserve-Autoschlüssel
Fotoapparat (Filme)

Wollmütze
Handschuhe
Pullover
Reservewäsche
Anorak
Regenschutz (auch Knirps)
Turnhose
Reservesocken

Biwaksack
Rettungsfolie
Taschenlampe
Uhr
Seil, Reepschnur
Pickel (Skistöcke)
Steigeisen

Notproviant
Getränke
Dörrobst, Nüsse
Schokolade

Allgemeine Tips für Wanderungen und Bergtouren

Die **Ausrüstung,** die wir auf unsere Bergfahrten mitnehmen, richtet sich nach der Dauer und dem Schwierigkeitsgrad unserer Unternehmung. Für leichte Touren genügen feste Wanderschuhe, ein kleiner Rucksack für Regen- und Kälteschutz, sowie für etwas Proviant. Für Ausflüge in die höheren Regionen sind zusätzlich Sonnencreme und -brille, Handschuhe, Mütze und Reservewäsche erforderlich. Die **Wanderapotheke** wird hoffentlich ungebraucht im Rucksack bleiben, doch bei Abschürfungen sind eine desinfizierende Salbe und ein Hansaplast gewiß willkommen, wie auch ein paar Sicherheitsnadeln, falls beim Abstieg der Hosenstoff leiden sollte. Hochtouren sollten grundsätzlich nur mit einem erfahrenen Bergführer unternommen werden. In den Talorten stehen behördlich autorisierte Führer zur Verfügung, die einen sicheren Gipfelsieg gewährleisten.
Die Beschaffenheit des Hochgebirges bringt es mit sich, daß viele Routen ausgesetzt sind, die Schwindelfreiheit erfordern und daher wiederholt auf vernünftiges Schuhwerk hingewiesen werden muß. Wenn wir mit Kindern unterwegs sind, so erweist sich ein kurzes Bergseil (10 m) als große Hilfe.
Bei Unfällen ist die nächste Bergrettungsstelle zu verständigen. Ist direkte Hilfeanforderung unmöglich, kann durch das **alpine Notsignal** Hilfe herbeigeholt werden. **Hilfeanforderung:** 6 Signale pro Minute in Abständen von je 10 Sekunden, eine Minute Pause, wieder 6 Signale usw. **Antwort:** 3 Signale in einer Minute in Abständen von je 20 Sekunden, eine Minute Pause, dann wieder 3 Signale usw.
Die **Schwierigkeitseinteilung** leicht – mittel – nur für Geübte richtet sich nicht nach der UIAA Skala (von leicht bis äußerst schwierig), sondern wurde unter dem Gesichtspunkt der für einen durchschnittlichen Wanderer zu überwindenden Höhenmeter, der Schwierigkeit des Weges (Gletscherbegehung) und der Einkehr- und Rastpunkte ausgewählt. Die Schwierigkeit und der angegebene Zeitaufwand stellen unverbindliche Empfehlungen dar, – sie können je nach Witterungseinflüssen und Geländeverhältnissen von den angegebenen Werten mehr oder weniger abweichen.

Kennzeichnung der Schwierigkeit:
- ● (blau) leichte Wanderung, auch für Kinder geeignet!
- ● (schwarz) mittelschwere Wanderung
- ● (rot) schwere Wanderung, nur für geübte Berggeher!

Zeichenerklärung zu den Tourenprofilen:
- Gasthaus, Unterkunftshaus
- unbewirtschaftete Hütte, Unterstandsmöglichkeit
- Aussichtspunkt, Rundblick
- Seilbahn
- Sessellift

Dolomiten

Ortsbeschreibungen:

AGORDO

Gde., Prov. Belluno, Einw.: 3.705, Höhe: 611 m. Postltz.: I-32021. **Auskunft:** Azienda Autonoma di Soggiorno e Turismo Agordo. **Bahnstation:** Bribano (29 km).

Der Hauptort des Cordévoletales liegt am linken Ufer des Cordévole, gleich oberhalb des Zusammenflusses mit dem Rovabach. Der Ort ist als Sommerfrische – vor allem auch wegen seines gesunden Gebirgsklimas – sehr beliebt. Im Hintergrund des Städtchens erheben sich die Dolomitengipfel der Moiazza und der S. Sebastiano-M. Tamer-Gruppen. Auf der gegenüberliegenden Seite kann man die Umrisse der Palagruppe erkennen. Dem Ort blieb sein ländlicher Charakter zum Großteil erhalten; auch wenn sich einige Industriebetriebe niedergelassen haben. Das Hauptinteresse der Wirtschaft richtet sich jedoch auf den immer zunehmenden Fremdenverkehr. Agordo wird nicht zu Unrecht als einer der wichtigsten Ausgangspunkte für Wanderungen in diesem Dolomitenbereich bezeichnet.

Sehenswert

Der Hauptplatz **Piazza della Libertà** (**Brunnen** mit Emblemen der »Serenissima«, **Palazzo Crotta,** 17./18. Jh.). Die **Pfarrkirche** aus dem 18. Jh. mit Fresken und Malereien im Inneren. Das Museum **»Museo mineralogico«** in den Räumen der Schule ITI Minerario.

ALLEGHE

Gde., Prov. Belluno, Einw.: 1.690, Höhe: 979 m, Postltz.: I-32022. **Auskunft:** Azienda Autonoma di Soggiorno e Turismo Alleghe e Rocca Piétore. **Bahnstation:** Belluno (49 km). **Bergbahnen:** 1 Sessellift, Skilift.

Am Ufer des gleichnamigen Alpensees liegt der zauberhafte Ferienort Alleghe, der als Ausgangspunkt für Felsbesteigungen in unmittelbarer Nähe des Einstiegs zur berühmten Civetta-Nordwestwand gilt. Außerdem bietet Alleghe zahlreiche Ausflugsmöglichkeiten für Spaziergänger und Wanderer.

Sehenswert

Römische Grenzinschrift (1. Jh. n. Chr.?) in der M. Coldaisammlung; die Buchstaben FIN BEL IUL bedeuten wahrscheinlich die Grenzen (fines) der Weiden zwischen Bellunum (BEL) und Julium Carnicum (IUL). Der Ort der Inschriften kann nur sehr schwer erreicht werden. Das Gebäude **Casal** aus dem 14. Jh. in Casaril.

AURONZO DI CADORE

Gde., Prov. Belluno, Einw.: 4.000, Höhe: 864 m, Postltz.: I-32041. **Auskunft:** Azienda Autonoma di Soggiorno Auronzo di Cadore. **Bahnstation:** Pieve di Cadore (16 km). Busverbindung mit Pieve di Cadore und Cortina d'Ampezzo.

Unmittelbar am Fuß der Südabhänge des Monte Aiarnola liegt am Ufer des S. Caterina-Sees die Gemeinde Auronzo. Der Ort wurde als »Auroncio« erstmals um 1188 urkundlich erwähnt. Um 1321 erhielt er eigene Statuten. Noch bis 1752 gab es mit der Pustertaler Gemeinde Toblach zahlreiche Konflikte wegen des Besitzes der Weideflächen von Misurina, das ein Ortsteil von Auronzo ist. Heute ist die Umgebung der Gemeinde im Sommer und im Winter ein beliebtes Erholungsgebiet.

Sehenswert

Die **Kirche Santa Giustina** wurde 1772 nach den Plänen von D. Schiavi gebaut. Im Inneren ein Gemälde der Tizianischen Schule sowie einige Bilder von G. De. Min. – **Kirche »Chiesa delle Grazie«** (Gnadenkirche) von 1745, mit Tizianellogemälden. – **Hl.-Katharina-Kirche** in Villapiccola, um 1554 im spätgotischen Stil erbaut, im Inneren Gemälde von Cima da Conegliano (16. Jahrhundert).

BORCA DI CADORE

Gde., Prov. Belluno, Einw.: 700, Höhe: 942 m, Postltz.: I-32040. **Auskunft:** Pro Loco Borca di Cadore. **Bahnstation:** Calalzo (19 km). Busverbindungen mit Calalzo, Belluno, Cortina d'Ampezzo.

Dieser reizvolle Ferienort im Tal des Boite, an der »Strada d'Alemagna« zwischen Pieve di Cadore und Cortina d'Ampezzo gelegen, ist als Sommerfrisch- und Wintersportort gleich gut ausgestattet. Er dehnt sich am Rand eines grünen Talkessels aus, den zwei weltberühmte Dolomitenkolosse überragen: im Westen der »Götterthron« Pelmo, im Osten der Antelao, der »König der Dolomiten«.

Für Pferdesportler ist interessant zu wissen, daß man von Borca aus auch bis zur Venezia-Hütte am Pelmo reiten kann. Auch werden im Ort und in seiner Umgebung schöne Ausritte organisiert.

Sehenswert

Die **Pfarrkirche** aus dem 18. Jh. mit zwei Altarbildern von P. A. Novelli und einer schönen Orgel. – Die **moderne Kirche,** die im Jahr 1961 nach einem Entwurf des Architekten Edoardo Gellner im Ferienzentrum Corte di Cadore errichtet wurde, welches nach neuesten, vorbildlichen Gesichtspunkten erbaut wurde.

CALALZO DI CADORE

Gde., Prov. Belluno, Einw.: 2.365, Höhe: 806 m, Postltz.: I-32042. **Auskunft:** Azienda Autonoma di Soggiorno e Turismo Calalzo di Cadore. **Bahnstation:** Calalzo di Cadore.

Calalzo di Cadore ist landschaftlich sehr schön am oberen Westende des Lago di Pieve di Cadore gelegen und ist in jeder Jahreszeit ein beliebter Ferienaufenthalt, auch wenn er mit einigen Industrien ausgestattet ist. Im Ort gibt es noch einige typische Bauten des »Cadorino«.

Sehenswert

Die **Pfarrkirche des S. Biagio** (interessanter Chor). – Das **Gefallenendenkmal** am Hauptplatz.

CAMPITELLO DI FASSA

Gde., Prov. Trento, Einw.: 590, Höhe: 1.448 m, Postltz.: I-38031. **Auskunft:** Azienda Autonoma di Soggiorno e Turismo Campitello di Fassa. **Bahnstation:** Bozen (48 km). **Bergbahnen:** Sessellift Campitello, 1.444 m – Elbetina, 1.919 m, Länge 1.126 m, Fahrzeit 10 Min.; Sessellift Elbetina, 1.923 m – Col Rodella, 2.387 m, Länge 1.171 m, Fahrzeit 10 Min.; Gondellift Sellajoch, 2.174 m – Langkofelscharte, 2.666 m, Länge 1.520 m, Fahrzeit 13 Min.

Im oberen Teil des Fassatales knapp 3 km vor Canazei gelegener Luftkurort. Von Campitello führt eine Nebenstraße durch das fast 10 km lange Durontal in das Gebiet der nördlichen Rosengartengipfel und in den südlichen Teil der Seiser Alm.

Sehenswert

Gotische **Kirche der Heiligen Philipp und Jakob** mit Freskenzyklen aus dem 15. Jh. im Inneren. Im **Ortsteil Pian** an den unteren Hängen des Rodella der fast unverändert erhaltene typische Fassataler Dorfcharakter.

CANALE D'AGORDO

Gde., Prov. Belluno, Einw.: 1.684 m, Höhe: 976 m, Postltz.: I-32020. **Auskunft:** Pro Loco Canale d'Agordo. **Bahnstation:** Belluno (45 km).

Der ruhige Sommerfrischort breitet sich auf einer Anhöhe aus, nämlich dort, wo der Lierabach in den Biois mündet. Die waldreiche Umgebung lädt zu erholsamen Spaziergängen und Wanderungen ein.

Sehenswert

Die **Pfarrkirche,** 1859 restauriert. Im Inneren schöne Statuen und Hochaltar mit kunstvollem Tabernakel.

CANAZEI

Gde., Prov. Trento, Einw.: 1.450, Höhe: 1.468 m, Postltz.: I-38032. **Auskunft:** Azienda Autonoma di Soggiorno Canazei. **Bahnstation:** Bozen (52 km). Busverbindung mit Bozen. **Bergbahnen:** Seilbahnen: 1. Canazei, 1.444 m – Pecol, 1.926 m, Länge 1.371 m, Fahrzeit 4 Min.; 2. Pecol, 1.930 m – Col dei Rossi, 2.380 m, Länge 1.311 m, Fahrzeit 4 Min.; 3. Pordoijoch, 2.248 m – Sass Pordoi, 2.952 m, Länge 1.501 m, Fahrzeit 4 Min.; 4. Alba, 1.494 m – Ciampac, 2.152 m, Länge 1.903 m, Fahrzeit 4 Min. Gondellift: Fedaiasee, 2.086 m – Pian dei Fiacconi, 2.635 m, Länge 1.541 m, Fahrzeit 14 Min. Sessellifte: im Bereich der Gemeinde befinden sich mehrere Sesselbahnen und Schlepplifte, siehe auch unter Campitello di Fassa.

Canazei, der Hauptort des oberen Fassatales, gilt seit langer Zeit als Stützpunkt für Hochtouristen und Bergsteiger. Mehr noch als für den Sommer genießt Canazei heute einen ausgezeichneten Ruf als internationaler Wintersportplatz. Dies dank seiner zentralen Lage im Herzen der schönsten Dolomitengruppen und dank der vielen Lifte und Seilbahnen, die das gesamte Gebiet sternförmig und im weitesten Umkreis erschließen. Von einem Kranz dunkler Wälder umgeben breitet sich der Ort auf einem Talboden zu Füßen der weithin leuchtenden Gletscherfelder des Marmoladamassivs und des wuchtigen Sellastockes aus. Etwa 2 km entfernt liegt der kleine Ort Alba. Die alten ladinischen Bauernhöfe wurden nach und nach durch eine neuzeitliche Hotel- und Fremdenbeherbergungssiedlung verdrängt. Noch immer ist jedoch die Atmosphäre eines von seinen ladinischen Bewohnern geprägten Landschaftsbildes geblieben. Zu Canazei zählen noch die Orte Gries, Alba und Penia. Canazei ist Ausgangspunkt für die Zufahrten in das Gebiet der Sella, des Grödner Tales, der Marmoladagruppe mit dem Pordoijoch und dem Fedaiapaß. Die Bergführergruppe von Canazei genießt internationalen Ruf.

Sehenswert

Die **Pfarrkirche.** Das deutsche **Gefallenen-Ehrenmal** mit Ossarium auf dem Pordoijoch.

CENCENIGHE AGORDINO

Gde., Prov. Belluno, Einw.: 1.730, Höhe: 773 m, Postltz.: I-32020. **Auskunft:** Pro Loco Cencenighe Agordino. **Bahnstation:** Belluno (40 km).

Der Fremdenverkehrsort breitet sich am Zusammenfluß der Bäche Biois und Cordévole aus und wird im Südwesten von der Cima Papa Luciani überragt. Vom 16. bis zum 18. Jh. war Cencenighe Agordino wegen des Eisenerzabbaues und der Verarbeitung der reichen Holzvorkommen ein blühendes wirtschaftliches Zentrum. Der Ort wurde öfters von verheerenden Überschwemmungen heimgesucht, das letztemal im November 1966. Heute ist Cencenighe Agordino ein gern besuchter Sommerfrischort, der in seiner Umgebung eine Vielzahl an Spaziergängen und Wanderungen bietet.

Sehenswert
Der **alte Ortskern** mit seinen typischen Bauten. Die **Pfarrkirche,** von künstlerischem Interesse.

CIBIANA DI CADORE

Gde., Prov. Belluno, Einw.: 915, Höhe: 985 m, Postltz.: I-32040. **Auskunft:** Pro Loco Cibiana di Cadore. **Bahnstation:** Calalzo di Cadore (16 km).

Cibiana di Cadore (früher nur Cibiana) liegt im unteren Valle d'Ampezzo zu beiden Seiten der Staatsstraße Nr. 347, die über die Forcella Cibiana in das Gebiet des Val di Zoldo führt. Obwohl es im Ort einige Industriebetriebe gibt, ist er als Sommerfrisch- und Luftkurort sehr beliebt.

Sehenswert
Die **Pfarrkirche** (zweite Hälfte des 19. Jh.s) ist dem Hl. Lorenz geweiht und enthält Malereien mit deutlicher tizianischer Prägung.

COLLE SANTA LUCIA

Gde., Prov. Belluno, Einw.: 610, Höhe: 1.453 m, Postltz.: I-32020. **Auskunft:** Pro Loco Colle Santa Lucia. **Bahnstation:** Belluno (60 km). Busverbindungen mit Alleghe, Agordo, Belluno, Cortina d'Ampezzo.

Dieses liebliche, schmucke Bergdorf liegt an der Straße zwischen Buchenstein und dem Cadore, hoch über dem Fiorentinatal und mit herrlichem Ausblick auf den Pelmo und die Civetta. In vergangenen Jahrhunderten wegen der ertragreichen Eisenminen des Bergwerks »Fursil« am Monte Pore von Habsburgern und Venezianern umworben, ist der Ort vom Massentourismus der letzten Jahre zu Unrecht etwas abseits gelassen und nur auf der Durchfahrt gestreift worden. Doch dank der neu ausgebauten Straße, die über den Passo Giau nach Cortina d'Ampezzo führt und zu einer Variante der »Großen Dolomitenstraße« werden könnte, wird das Dorf großen Aufschwung bekommen. Durch einen für diese Höhenlage einzigartigen Blumenreichtum zeichnet sich der Monte Pore aus, der vor kalten Nordwinden geschützt und nach Süden ausgerichtet ist — weshalb die obere Grenze der verschiedenen Baumarten hier sehr viel höher liegt als sonst in den Alpen.

Sehenswert
Die **Pfarrkirche Santa Lucia** mit einem großen Christophorus-Fresko an der Außenwand; im Inneren Freskenreste. Großartige Lage. — Das **Haus Chizzali-Bonfandin** (17. Jh.) mit schönen schmiedeeisernen Gittern war Sitz der Bergwerksdirektion »Fursil«. — **Holzgetäfelte Stuben** aus dem 16. und 17. Jh. sind noch in vielen Bauernhäusern der einzelnen Weiler erhalten. — Vom **Belvedere** aus (1,2 km) genießt man einen unvergleichlichen Blick auf den tief unten gelegenen Alleghe-See, auf die Civetta, den Pelmo und gegen die Marmolada.

CORTINA D'AMPEZZO

Gde., Prov. Belluno, Einw.: 7.000, Höhe: 1.211 m, Postltz.: I-32043. **Auskunft:** Azienda Autonoma di Soggiorno e Turismo Cortina d'Ampezzo. **Bahnstation:** Calalzo (33,5 km), Toblach (32 km). Busverbindungen mit Calalzo, Toblach, Bruneck, Brixen, Bozen, Pieve di Cadore, Belluno, Venedig; in der Hochsaison außerdem mit Meran, Bologna, Ferrara, Mantua, Mailand, Modena, St. Ulrich, Padua, Misurina, Jesolo, Lignano, Riva, Trient, Verona, Udine, Falzàregopaß, Pordoijoch; Flugplatz in Fiames (4 km). **Bergbahnen:** 1. Seilbahn »Freccia nel cielo«, in drei Teilstrecken: Cortina — Col Druscié, 1.675 m; Col Druscié — Ra Valles, 2.470 m; Ra Valles — Tofana di Mezzo, 3.243 m; 2. Seilbahn von Cortina zum Belvedere (Pocol), 1.527 m; 3. Seilbahn Cortina — Tondi di Faloria, in drei Teilstrecken: Cortina — Mandres, 1.478 m; Mandres — Rifugio Faloria, 2.120 m; Rifugio Faloria — Tondi di Faloria, 2.300 m; 4. Seilbahn Lagazuoi, vom Falzàregopaß, 2.105 m, auf den Monte Lagazuoi, 2.778 m; 5. Gondellift Monte Cristallo, in zwei Teilstrecken: Rio Gere, 1.680 m — Rifugio Son Forca, 2.230 m; Valgrande, 2.181 m — Forcella Staunies, 2.900 m; 6. Sessellift Campo Corona (Ronco), 1.224 m — Colfiere — Col Druscié, 1.675 m; 7. Sessellift Pié Tofana, 1.670 m — Rifugio Duca d'Aosta, 2.098 m; 8. Sessellift Rifugio Duca d'Aosta, 2.098 m — Forcella Pomedes, 2.282 m; 9. Sessellift Guargné, 1.304 m — Col Tondo — Mietres, 1.710 m; 10. Sessellift Cinque Torri, vom Rifugio Bai de Dones, 1.865 m, zum Rifugio Scoiattoli, 2.200 m.

In einer unvergleichlichen Lage inmitten der bedeutendsten Dolomitengruppen — Tofane, Cristallo, Sorapiss, Antelao, Nuvolau — verfügt Cortina d'Ampezzo neben einem gesunden, heilkräftigen Hochgebirgsklima auch über erstklassige touristische und sportliche Einrichtungen, die es zu einem der berühmtesten Fremdenverkehrszentren der Alpen und zum best ausgestatteten Wintersportort Italiens machen. Neben den unzähligen Möglichkeiten zu Wanderungen, Klettereien, Ausflügen, zu Seilbahnauffahrten bis auf die schönsten Aussichtspunkte, neben den Wintersportmöglichkeiten jeder Art bietet Cortina auch mondänes gesellschaftliches Leben, so daß auch der wenig sportbegeisterte Gast, der nur auf der Suche nach Entspannung und Abwechslung ist, auf seine Rechnung kommt. Cortina ist zu einem Treffpunkt internationalen Lebens geworden, neben vielen anderen gesellschaftlichen Veranstaltungen findet hier auch die

Cortina d'Ampezzo mit M. Cristallo, 3.216 m

Verleihung des Literaturpreises »Cortina-Ulisse« statt. Dieser Austragungsort der 7. Olympischen Winterspiele im Jahr 1956 wurde im Jahr 1830 mit dem Bau der »Strada d'Alemagna«, die Innsbruck durch das Pustertal mit Venedig verband, den bedeutendsten internationalen Verkehrswegen angeschlossen. Die ersten Anzeichen des modernen Fremdenverkehrs machten sich um die Mitte des vorigen Jahrhunderts bemerkbar, als Paul Grohmann und andere Pioniere des Alpinismus die Aufmerksamkeit der Bergsteiger auf diesen Ort und die Schönheit seiner Dolomitenlandschaft lenkten. Um das Jahr 1875 entstanden die ersten Hotels, von denen drei — »Crooe Bianca«, »Aguila Nera« und »Stella d'Oro« — noch heute bestehen.

Sehenswert

Die **Pfarrkirche** aus dem 13. Jahrhundert wurde mehrmals umgebaut. Im Inneren befindet sich der holzgeschnitzte Tabernakel des Barockbildhauers Andrea Brustolon. Vom 72 m hohen, zwischen 1853 und 1858 errichteten Kirchturm, genießt man einen herrlichen Rundblick auf die Berge, die sich rings um den Talkessel von Cortina erheben. — In der Kunstschule befindet sich die **Collezione Rimoldi,** eine umfangreiche Sammlung modernen italienischen Kunstschaffens aus diesem Jahrhundert. — Die Kirche **Madonna della Difesa** aus dem 15. Jh. wurde im 18. Jh. umgebaut; Inneres im Rokokostil. — Das alte **Haus Ghedina** am Nordeingang der Ortschaft, mit freskenverzierten Außenwänden. — Das **Denkmal für Déodat de Dolomieu** (1750—1801), der als erster die Eigenschaften des später nach ihm benannten Dolomitgesteins beschrieb. — Das **Denkmal für General Antonio Cantore,** der im Ersten Weltkrieg an der Tofana ums Leben kam. — Das **Olympia-Eisstadion** ist ein hervorragendes Beispiel moderner Architektur im Sportbereich. Es hat eine 4.320 qm große Eislauffläche und drei hufeisenförmige Zuschauerränge. — Die **Sprungschanze Italia** beim Weiler Zuel. — Das **Ossarium** in Pocol birgt die sterblichen Reste von 7.725 im Ersten Weltkrieg gefallenen Soldaten und in einer Krypta den Leichnam des Generals Cantore.

DOMEGGE DI CADORE

Gde., Prov. Belluno, Einw.: 2.770, Höhe: 762 m, Postltz.: I-32040. **Auskunft:** Azienda Autonoma di Soggiorno Domegge di Cadore. **Bahnstation:** Calalzo di Cadore (4 km).

Der Ort ist für Sommerurlaub sehr beliebt. Dort gibt es zahlreiche Betriebe, die Brillen und ähnliche Produkte herstellen.

Sehenswert

Die **Pfarrkirche des Hl. Georg,** 1861—1865 erbaut; im Inneren interessante Gemälde, wovon eines Marco Vecellio (1501) zugeschrieben wird. Die **Kirche des Hl. Rochus** (1858). Das **Haus Valmasoi** auf der Staatsstraße, eleganter Bau aus dem 15. Jh.

FALCADE

Gde., Prov. Belluno, Einw.: 2.355, Höhe: 1.019/3.054 m, Postltz.: I-32020. **Auskunft:** Azienda Autonoma di Soggiorno e Turismo Falcade. **Bahnstation:** Belluno (50 km). **Bergbahnen:** 2 Seilbahnen, 1 Sessellift, Skilifte.

Der bekannte Sommerfrisch- und Wintersportort liegt im oberen Valle del Biois in den Dolomiten von Agordino und wird von wunderschönen Bergketten umgeben (im Süden die Pale di S. Martino, im Norden die »Königin der Dolomiten«, die Marmolada, im Osten der Monte Civetta und im Westen die beiden Bergpässe Valles und S. Pellegrino, die die Verbindung mit den Trentiner Tälern Val di Fiemme und Val die Fassa herstellen). Die Fremdenverkehrs- und Sporteinrichtungen sind bedeutend und werden den größten Anforderungen gerecht; Hotels, Pensionen, Geschäfte, Unterhaltungseinrichtungen, Appartements und Villen fügen sich harmonisch in die Landschaft ein, die mit ihren Bächen, Wäldern, Bergen und freundlichen Ortschaften das Tal zu einem Kleinod macht. Falcade-Caviola hat in den letzten Jahren große Entwicklungen und Fortschritte im Bereich des Winterfremdenverkehrs gemacht. Auf dem Massiv der Cima Pradazzo im Bereich Valles-Margherita, zwischen den beiden Pässen Valles und S. Pellegrino, sind die Bergbahnen kaum noch übersehbar und bilden zusammen mit den Skipisten aller Schwierigkeitsgrade ein großes Skikarussell. Wie viele andere Ortschaften dieses Gebietes mußte auch Falcade die Folgen der verheerenden Überschwemmung im November 1966 überwinden; trotz der großen Schäden wurde ein sofortiger Wiederaufbau in Angriff genommen und brachte dem Ort einen außerordentlichen fremdenverkehrsmäßigen Aufschwung. Heute zählt Falcade zu den Perlen der Belluneser Alpen.

Sehenswert

Die **neue Pfarrkirche** (1947). Die **Wasserfälle der Marmóladella** (lohnender Ausflug).

FORNO DI ZOLDO

Gde., Prov. Belluno, Einw.: 3.900, Höhe: 848 m, Postltz.: I-32012. **Auskunft:** Pro Loco Forno di Zoldo. **Bahnstation:** Longarone (18 km).

Der ländliche Ort liegt im mittleren Val di Zoldo am Zusammenfluß von Maé und Pramper und bietet erholsame Aufenthalte in einer schönen Landschaft. Der Name rührt von der einstigen Eisenerzverarbeitung her (Forno = Ofen). Der Ort ist auch wegen der vielen »Eismänner« bekannt, die von dort stammen und überall in Europa arbeiten und ausgezeichnetes Speiseeis herstellen. Auch Forno di Zoldo erlitt durch die Überschwemmung im November 1966 große Schäden.

Sehenswert

Die **Kirche des Hl. Florian,** 14. Jh., im Weiler Pieve (interessante Gemälde und Skulpturen), schöner **Glockenturm** aus dem 19. Jh.

GOSALDO

Gde., Prov. Belluno, Einw.: 1.825, Höhe: 579/2.849 m, Postltz.: I-32020. **Auskunft:** Azienda Autonoma di Soggiorno e Turismo Gosaldo. **Bahnstation:** Belluno (45 km).

Die Streugemeinde Gosaldo liegt in der gleichnamigen Mulde am Fuße der östlichen Felswände der Palagruppe. Die lieblichen Weiler verteilen sich entlang des Bachbettes des Mis und stellen ruhige Ferienaufenthalte mit angenehmem Mittelgebirgsklima dar. Wanderer und Bergfreunde finden ebenfalls ihre Freude an den vielen Wandermöglichkeiten. Einst war die Wirtschaft auf den Erzabbau ausgerichtet; heute wird Viehzucht betrieben und der große Holzreichtum genutzt. Auch der Fremdenverkehr ist von Bedeutung. Hier wütete 1966 ebenso die Überschwemmung.

Sehenswert

Das **Gefallenendenkmal** auf dem Platz des Gemeindesitzes in Don.

LIVINALLONGO DEL COL DI LANA

Gde., Prov. Belluno, Einw.: 1.720, Höhe: 1.090–3.152 m, Postltz.: I-32020. **Auskunft:** Azienda di Soggiorno e Turismo Livinallongo del Col di Lana. **Bahnstation:** Belluno (59 km). Linienbusverkehr mit Belluno, Bozen, Cortina d'Ampezzo und Venedig. **Bergbahnen:** Seilbahn Arábba – Porta Vescovo, Tal 1.612 m, Berg 2.560 m, Länge 2.800 m; Sessellift Portadoss, Tal 1.636 m, Berg 2.123 m, Länge 1.480 m; Sessellift Carpazza, Tal 1.959 m, Berg 2.496 m, Länge 1.660 m.

Der reizvolle Ferienort im ladinischen Buchenstein (Livinallongo) liegt zwischen Pordoijoch und Campolungo-Sattel am Fuß der Sellagruppe an der Großen Dolomitenstraße. Das kleine Dorf ist eine vielbesuchte Sommerfrische; doch in den letzten Jahren zieht es immer mehr Gäste durch die Wintersportmöglichkeiten an, die sich in unmittelbarer Nähe des Dorfes selbst, am nahen Campolungo-Sattel und am 9 km entfernten Pordoijoch bieten. Durch die Porta-Vescovo-Seilbahn, die auf die der Marmolada vorgelagerte Padon-Kette führt, und die vorgesehenen Bergbahnverbindungen zum Marmoladagletscher sowie zu den von Corvara und Kollfuschg heraufkommenden Liften wird Arabba bald im Mittelpunkt eines Skisportgebietes liegen, das über alle nötigen modernen Anlagen und touristisch-sportlichen Einrichtungen verfügt.

Sehenswert

Die **Pfarrkirche** aus dem 17. Jahrhundert. – Das **Deutsche Kriegerdenkmal** nahe dem Pordoijoch, oberhalb der Großen Dolomitenstraße am Fuß der Sella. Hier liegen rund 8.000 deutsche und österreichische Gefallene des Ersten Weltkriegs und etwa 900 Gefallene des Zweiten Weltkriegs begraben.

LOZZO DI CADORE

Gde., Prov. Belluno, Einw.: 1.759, Höhe: 753 m, Postltz.: I-32040. **Auskunft:** Azienda Autonoma di Soggiorno Lozzo di Cadore. **Bahnstation:** Calalzo di Cadore (8 km).

Dort, wo der Torrente Rin in den Piave fließt, liegt der reizende Sommerfrischort Lozzo di Cadore. In der Nähe der Ortschaft wurden Ausgrabungen aus vorromanischer Zeit gemacht. Die Umgebung des Ortes ist reich an Wiesen und Wäldern und lädt zu schönen Spaziergängen und Wanderungen ein.

MAZZIN

Gde., Prov. Trento, Einw.: 355, Höhe: 1.372 m, Postltz.: I-38031. **Auskunft:** Azienda Autonoma di Soggiorno »Centro Fassa«. **Bahnstation:** Bozen (45 km). Busverbindung mit Canazei, St. Kassian, Bozen, Trient und Mailand.

Der malerische Ferienort breitet sich am Eingang des Valle di Udai aus. Im Norden erhebt sich der Langkofel und der Sellastock. Der Ort ist Ausgangspunkt für interessante Bergwanderungen und -touren.

Sehenswert

Die **Pfarrkirche S. Maria Maddalena,** 1573 erwähnt; 1894 erweitert. Das antike Gebäude **Casa Battel,** auch Schloß genannt.

MOÈNA

Gde., Prov. Trento, Einw.: 2.690, Höhe: 1.184 m, Postltz.: I-38035. **Auskunft:** Azienda Autonoma di Soggiorno Moèna. **Bahnstation:** Auer (44 km). Linienbusverkehr mit Trient und Bozen. **Bergbahnen:** Seilschwebebahn Lusia, Tal Ronchi, 1.370 m, Berg Le Cune, 2.200 m, Länge 2.710 m, Fahrzeit 7 Min. Weitere Sessellifte am Lusiapaß und am San Pellegrino-Paß.

Die große Ortschaft Moèna liegt auf einem sonnigen Moränenhang über der Mündung des Costalunga- und Pellegrinobaches in den Avisio. Latemar und Rosengarten schieben von Westen her ihre Felstürme an die Waldgrenze des Fassatales heran. Die Bevölkerung ist in dieser Gegend ladinisch. Hier ist das Bildschnitzerhandwerk heimisch; die Kunsttischlerei besitzt einen besonderen Ruf. Sehr bekannt ist das ideale Skigelände im Bereich des S. Pellegrino-Passes. In jüngster Zeit wurde ein weiteres Skigebiet rings um den Lusiapaß und auf dem Monte Piavac und im Bereich der Malga Pozza oberhalb von Moèna erschlossen.

Sehenswert

Die **Pfarrkirche** St. Vigilius, im 11. Jahrhundert erwähnt, mit sehenswerten Fresken, Gemälden der Fleimstaler Schule, Holzskulpturen einheimischer Künstler. Die **Kirche St. Wolfgang,** volkstümliche Fresken, 15. Jahrhundert, Holzschnitzarbeiten, kleines Museum.

PIEVE DI CADORE

Gde., Prov. Belluno, Einw.: 4.020, Höhe: 878 m, Postltz.: I-32044. **Auskunft:** Azienda Autonoma di Soggiorno e Turismo Pieve di Cadore. **Bahnstation:** Calalzo di Cadore (2 km). **Bergbahnen:** 1 Sessellift, Skilift.

Pieve di Cadore, das am gleichnamigen See liegt, ist der Hauptort des Cadoregebietes, ein beliebter Ferienaufenthalt und das Ziel vieler Erholungssuchender zu jeder Jahreszeit; im Winter werden hier alle Sportarten ausgeübt. Das Städtchen, das bereits römischen Ursprungs ist, ist auch wegen der hier schon im Jahr 1300 bestandenen Sprachschule bekannt. In Pieve di Cadore wurde aller Wahrscheinlichkeit nach im Jahre 1490 der berühmte Maler Tiziano Vecellio geboren, der ohne Zweifel der größte Meister der venezianischen Malerei ist. Der Ort leistete seinen Beitrag zur Unabhängigkeit während der Unruhen von 1848 und auch während des Ersten Weltkrieges. Unter den sich hier niedergelassenen Industrien ist jene der Brillenproduktion besonders erwähnenswert; sie stellt den Stolz der gesamten Region Cadore dar. Die landschaftlich wertvolle und schöne Umgebung bietet eine große Anzahl von Wandermöglichkeiten.

Sehenswert

Der Hauptplatz **Piazza Tiziano** mit einem Bronzedenkmal des großen Meisters; das Werk (1880) stammt von A. Dal Zotto. Der **Palazzo della Magnifica Comunità Cadorina,** 15. Jh., wurde auf einem bereits früher bestandenen Gebäude aus dem 14. Jh. errichtet. Die **Pfarrkirche** aus dem 18. Jh. mit wertvollen Gemälden Tizians und seiner Schüler im Inneren. Der **zinnengekrönte Turm** (15. Jh.). Das **Geburtshaus Tizians** mit dem angrenzenden interessanten **Museum.**

POZZA DI FASSA

Gde., Prov. Trento, Einw.: 1.425, Höhe: 1.325 m, Postltz.: I-38036. **Auskunft:** Azienda Autonoma di Soggiorno »Centro Fassa«. **Bahnstation:** Bozen (40 km). Linienbusverkehr mit Bozen und Trient. **Bergbahn:** Gondellift Buffaure, Tal 1.350 m, Berg 2.017 m, Länge 1.625 m, Fahrzeit 12 Min.

Sehenswert

Mineraliensammlung. Soldatenfriedhof aus dem Ersten Weltkrieg in Vigo di Fassa. Kirche **S. Giovanni,** 14. Jahrhundert, Fresken. Kirche **S. Giuliana,** 13. Jahrhundert, Fresken.

PREDAZZO

Gde., Prov. Trento, Einw.: 3.985, Höhe: 1.018 m, Postltz.: I-38037. **Auskunft:** Azienda Autonoma di Soggiorno e Turismo Alta Val di Fiemme. **Bahnstation:** Auer (39 km). **Bergbahnen:** 1 Seilbahn, 2 Sessellifte, Skilifte.

Predazzo, ein lieblicher und geschätzter Luftkurort, breitet sich im oberen Val di Fiemme am Zusammenfluß des Travignolo mit dem Avisio aus. Im Nordosten beherrschen die steilen Kämme des Latemar und im Süden die Felsbastionen des Lagorai das Bild. Gegen Osten verläuft das Val Travignolo, zuerst recht eng, dann immer breiter werdend, bis zum Bekken des Paneveggio, einer der Hauptzugänge zum Naturpark Paneveggio-Pale di S. Martino. Auf der rechten Talseite des Val Travignolo fallen gegen Predazzo die Berge ab, die gleichzeitig die Wasserscheide mit dem dahinter liegenden Valle di S. Pellegrino bilden. Eine so schöne Landschaft, die fast unberührte Natur, die großartigen Angebote für Wanderer und Alpinisten und die guten Infrastrukturen auch für die Ausübung der Wintersportarten machen aus Predazzo eine der Fremdenverkehrsperlen des Trentino und stellen es auch im internationalen Fremdenverkehr in die vorderste Reihe. Die einheimische Wirtschaft ist vor allem auf den Fremdenverkehr ausgerichtet, aber auch die Industrie hat ihr Gewicht, vor allem im Sektor der Holz- und Marmorverarbeitung. Außerdem ist der Ort ein wichtiger Durchgangsort zwischen dem Fleims- und dem Fassatal, an der Straßengabelung zum Passo Rolle.

Sehenswert

Die **Kirche der Hl. Philipp und Jakob,** zweite Hälfte des vorigen Jahrhunderts, wurde nach gotischem Beispiel errichtet. Das **Gefallenendenkmal.** Im Haus der Kultur befindet sich das **geologische, paläontologische und mineralogische Museum** mit interessanten Funden aus diesem Gebiet. Die gotische **Kirche des Hl. Nikolaus** (um 1500).

ROCCA PIÉTORE

Gde., Prov. Belluno, Einw.: 1.970, Höhe: 1.143 m, Postltz.: I-32022. **Auskunft:** Azienda Autonoma di Soggiorno e Turismo Alleghe e Rocca Piétore. **Bahnstation:** Belluno (56 km).

Ruhiger Aufenthaltsort für Sommerfrischler und Wintersportler am Fuß der »Königin der Dolomiten«. Durch die bekannte Schlucht von Sottoguda gelangt man zur nahegelegenen Fedaia-Paßhöhe, von wo aus mittels eines Sesselliftes die ausgedehnten Schneefelder und die berühmten Eishöhlen des Marmoladagletschers erreichbar sind.

Sehenswert

Gotische **Kirche. Schlucht** von Sottoguda (Serrai di Sottoguda). In Sottoguda werden noch heute kunstvolle Arbeiten in Schmiedeisen hergestellt.

SAGRON-MIS

Gde., Prov. Trento, Einw.: 300, Höhe: 730/486 m, Postltz.: I-38050. **Auskunft:** Municipio (Gemeindeamt) Sagron-Mis. **Bahnstation:** Feltre (48 km).

Die Streugemeinde Sagron-Mis breitet sich mit ihren Fraktionen entlang des Bachbettes des Mis aus, an den östlichen Ausläufern der Felswände der Palagruppe.
Obwohl der Ort verwaltungsmäßig zur Provinz Trient gehört, ist er geographisch gesehen (er liegt bereits hinter dem Passo Cereda) eher dem Belluneser Gebiet zuzuteilen und gehört zum Wassereinzugsbereich des Cordévole.
In der Vergangenheit nutzte die einheimische Bevölkerung einige Mineralvorkommen im Val California aus, nach deren Erschöpfung waren sie gezwungen, abzuwandern. Die Versuche, das lokale Handwerk zu fördern, blieben ohne große Erfolge. Heutzutage steigt die Bedeutung des Fremdenverkehrs, gerade auch im Zusammenhang mit den bestehenden Einrichtungen am nahen Passo Cereda.

SAN MARTINO DI CASTROZZA

Fraktion der Gde. Siror, Prov. Trento, Einw.: 545, Höhe: 1.444 m, Postltz.: I-38058. **Auskunft:** Azienda Autonoma di Soggiorno e Turismo San Martino di Castrozza. **Bahnstation:** Feltre (47 km). **Bergbahnen:** 1 Seilbahn, 1 Gondellift, 4 Sessellifte, Skilifte.

S. Martino di Castrozza ist ohne Zweifel einer der bekanntesten und beliebtesten Sommerfrisch- und Wintersportorte des gesamten östlichen Alpenbereiches und genießt auch einen guten internationalen Ruf. Das Alpenstädtchen liegt im oberen Tal des Cismonbaches, breitet sich an der Straße zum Rollepaß aus und ist von einer unvergleichlich schönen Felsszenerie umgeben. S. Martino di Castrozza liegt inmitten des Naturparkes Paneveggio und ist idealer Ausgangspunkt für Wanderungen im weitläufigen Schutzgebiet, das eine interessante Flora und Fauna aufzuweisen hat. Die Gegend ist das Paradies von Wanderern und Alpinisten schlechthin; es bietet Wanderungen und Touren jeden Schwierigkeitsgrades, z. B. in die Palagruppe. Der Ort verfügt über sehr gute Fremdenverkehrseinrichtungen: Hotels, Gasthöfe, Pensionen und Schutzhütten sowie eine Reihe von ausgezeichneten Bergbahnen garantieren dem Gast einen idealen Aufenthalt in einem Gebiet mit einem angenehmen Gebirgsklima. Der Ursprung des Ortes scheint auf ein kamaldolesisches Kloster zurückzugehen, das dem Hl.Martin und Giuliano geweiht war. Im Mittelalter war es »Castrugium«. Dank der Entdeckung seitens englischer Alpinisten wurde S. Martino di Castrozza und die Palagruppe im vergangenen Jahrhundert auch international bekannt. Gleichzeitig mit dem Aufkommen des Fremdenverkehrs wuchs auch der Ort selbst; mehr und mehr entstanden schöne Hotelbauten und andere Fremdenverkehrseinrichtungen und ließen so den Ort zu dem werden, was er heute ist: ein international bekannter und geschätzter Fremdenverkehrsort.

Sehenswert

Die **Pfarrkirche** wurde Anfang dieses Jahrhunderts restauriert. Schöner Glockenturm in romanischem Stil, um 1200. Das **Denkmal an Cesare Battisti.**

SAN TOMASO AGORDINO

Gde., Prov. Belluno, Einw.: 1.220, Höhe: 746–2.407 m, Postltz.: I-32020. **Auskunft:** Municipio (Gemeindeamt) San Tomaso Agordino. **Bahnstation:** Belluno (45 km).

Die Fraktionen der Streugemeinde S. Tomaso Agordino verteilen sich an den Hängen des M. Forca in erhöhter Lage über dem Cordévolebach, der durch das Tal fließt. Die Ortschaft ist guter Ausgangspunkt für Wanderungen in der nahen Civettagruppe und auf die Erhebungen ringsum den Ort selbst.

Sehenswert

Interessante **Kirche in Celat** (15. Jh.), im 18. Jh. restauriert.

SAN VITO DI CADORE

Gde., Prov. Belluno, Einw.: 1.400, Höhe: 1.011 m, Postltz.: I-32046. **Auskunft:** Azienda Autonoma di Soggiorno San Vito di Cadore. **Bahnstation:** Calalzo (22 km). Busverbindungen mit Calalzo, Belluno, Cortina d'Ampezzo, Toblach. **Bergbahn:** Sessellift »Alpe Senes«, von 970 auf 1.220 m Höhe.

San Vito di Cadore, das sich mit den Weilern Chiapuzza, Costa und Resinego in einem reizvollen Talkessel am linken Ufer des Boite ausdehnt, ist nach Cortina d'Ampezzo der bedeutendste Fremdenverkehrsort des Tales. Seine großartige Lage zwischen Pelmo und Becco di Mezzodi im Westen und Sorapiss und Antelao im Osten macht es zu einem vielbesuchten Sommerluftkur- und Wintersportort, der über viele moderne Beherbergungsbetriebe und sportlich-touristische Einrichtungen verfügt. Besonders viele und abwechslungsreiche Hochgebirgswanderungen bieten sich im Bereich von Antelao und Sorapiss, wo es mehrere Berghütten und Biwakschachteln gibt.

Antelo, 3.263 m und Cima Salvella, 2.556 m

Das Gemeindegebiet von San Vito ist ziemlich ausgedehnt, und eine Grenzmarkierung besonderer Art weist es am Passo Giau auf. Da es dort in vergangenen Jahrhunderten ständig zu Streitereien um Weide- und

Waldbesitz zwischen San Vito und Ampezzo kam, errichteten die Bewohner von San Vito im Jahr 1753 die »Muraglia di Giau«, nämlich eine Steinmauer, die die Grenze zwischen den beiden Gemeinden und zugleich auch zwischen dem habsburgischen Kaiserreich und venezianischem Herrschaftsbereich bezeichnete und die, nicht weit unterhalb der Paßhöhe, noch heute mit Grenzsteinen, Kreuzen und in den Felsen gehauenen Wappen von Österreich und Venedig erkenntlich ist. Zu Grenzstreitigkeiten war es im 17. und 18. Jahrhundert auch um den Besitz und den Abbau der Bleiminen am Col Piombin (ital. »piombo« = Blei) gekommen, die sich aber als wenig ertragreich erwiesen. Der Rest einer der »Muraglia di Giau« ähnlichen, um 1780 entstandenen Grenzmauer, ist noch heute an der Forcella d'Ambrizzola erhalten.

Sehenswert

In der **Pfarrkirche** Altarbild von Francesco Vecellio, dem älteren Bruder des großen Tizian. – Die kleine Kirche der **Madonna della Difesa,** gleich neben der Pfarrkirche, wurde in den Jahren 1512–1516 auf Grund eines Gelübdes errichtet; die Apsis ist mit einfachen Fresken ausgeschmückt.

SELVA DI CADORE

Gde., Prov. Belluno, Einw.: 600, Höhe: 1.300–1.400 m, Postltz.: I-32020. **Auskunft:** Pro Loco »Val Fiorentina«. **Bahnstation:** Belluno (62 km). Busverbindungen mit Caprile, Agordo, Belluno, Cortina d'Ampezzo.

An der Straße aus dem Zoldo-Tal nach Buchenstein oder Cortina liegt dieser ruhige Sommerfrischort, dessen Ortsteile sich längs der Straße ausdehnen. Wie das nahegelegene Colle Santa Lucia hat auch Selva durch das am Passo Giau vollendete Fremdenverkehrszentrum neuen touristischen Aufschwung bekommen.

Sehenswert

Die **gotische Kirche Santa Fosca** im gleichnamigen Dörfchen, mit einem Christophorus-Fresko an der Fassade. Im Inneren holzgeschnitzter Tabernakel des aus dem Zoldano stammenden Barockbildschnitzers Andrea Brustolon. – Sehr malerische, alte **Heustadel** im Weiler Andria.

SIROR

Gde., Prov. Trento, Einw.: 1.195, Höhe: 765 m, Postltz.: I-38050. **Auskunft:** Azienda Autonoma di Soggiorno e Turismo Primiero und Vanoi. **Bahnstation:** Feltre (34 km).

Das Dorf Siror liegt am linken Ufer des Cismonbaches oberhalb des Zusammenflusses mit dem Torrente Canali. Der Ort, der von den kühnen Gipfeln des Sass Maor überragt wird, hat seine typische Bauweise erhalten. Er ist ein beliebter Ferienort und Ausgangspunkt für Touren in die südliche Seite der Palagruppe. Zur Gemeinde Siror gehört auch das wichtige und bekannte Urlaubszentrum S. Martino di Castrozza.

Sehenswert

Die **Kirche des Hl. Andreas,** Pfarrkirche aus dem 13. Jh., steht wahrscheinlich auf dem Boden einer antiken Kultstätte. Sie beherbergt ein interessantes Fresko. Das **Kirchlein des Hl. Jakob** wurde am Ort einer antiken, vom Erdbeben zerstörten Siedlung (12. Jh.), erbaut.

SORAGA

Gde., Prov. Trento, Einw.: 440, Höhe: 1.220 m, Postltz.: I-38030. **Auskunft:** Azienda Autonoma di Soggiorno »Centro Fassa«. **Bahnstation:** Bozen (45 km). Linienbusverkehr mit Bozen und Trient.

Der Name Soraga leitet sich vom ladinischen sora l'aga (über dem Wasser) ab, weil nach einer Überschwemmung nur sieben Einzelhöfe vom Wasser unberührt geblieben waren; daher ergab sich auch der Spitzname »Secc« (Sieben) für die Sorageser. In Soraga verlief die Grenze zwischen den Diözesen von Brixen und Trento, bevor das Fassatal der Diözese Trento angegliedert wurde (altes Zollhaus mit dem Wappen des Bischofs von Brixen).

Sehenswert

Kirche **SS. Pietro e Paolo.** Alte Kirche der **Madonnina.**

TAIBON AGORDINO

Gde., Prov. Belluno, Einw.: 1.745, Höhe: 618 m, Postltz.: I-32027. **Auskunft:** Municipio (Gemeindeamt) Taibon Agordino. **Bahnstation:** Belluno (32 km).

Der reizende Ort Taibon Agordino liegt im Cordévoletal an der Einmündung des S. Lucanotales und ist von einer herrlichen Landschaft umgeben. Rundherum erheben sich die Gipfel der Pale di S. Lucano, der Moiazza und der S. Sebastiano-Tamer-Gruppe. In der Umgebung finden die Bergfreunde viele Wandermöglichkeiten. Auch Taibon erlitt große Schäden während der Überschwemmung im November 1966.

Sehenswert

Die **Pfarrkirche** (interessante Gemälde).

TONADICO

Gde., Prov. Trento, Einw.: 1.160, Höhe: 750 m, Postltz.: I-38054. **Auskunft:** Azienda Autonoma di Soggiorno e Turismo Primiero und Vanoi. **Bahnstation:** Feltre (33 km).

Das alte Dorf Tonadico liegt auf einem Moränenhügel am Ausgang des Valle dei Canali auf dem rechten Ufer des gleichnamigen Baches. Der ruhige Ferienaufenthaltsort bietet den Bergfreunden ein herrliches Wander- und Tourengebiet. Neben dem Fremdenverkehr ist für die einheimische Wirtschaft die landwirtschaftliche Tätigkeit von Bedeutung. Tonadico ist eine der ältesten Ansiedlungen des Gebietes und war im Laufe der Geschichte an das Schicksal des Castelpietra gebunden, das zuerst dem Bistum Feltre zugehörte und dann den mächtigen Herren von Welsperg unterstand.

Sehenswert

Die **Ruinen von Castelpietra,** Sitz des Kapitäns des Bistums Feltre (11. Jh.). Es wurde in der zweiten Hälfte des 17. Jh.s zerstört, dann versuchte man auf Betreiben der Welsperg einen Wiederaufbau. In der zweiten Hälfte des vergangenen Jahrhunderts vollendete eine Überschwemmung die Zerstörung. Der **Palazzo Scopoli,** einst Sitz der Talgemeinschaft »Comunità Primierotta«. Die **Kirche des Hl. Viktor** (14. Jh.) in romanischem Stil. Die **Pfarrkirche des Hl. Sebastian** (17. Jh.), im Inneren interessante Gemälde.

VALLADA AGORDINA

Gde., Prov. Belluno, Einw.: 720, Höhe: 828/2.396 m, Postltz.: I-32020. **Auskunft:** Pro Loco Vallada Agordina. **Bahnstation:** Belluno (44 km).

Die Streugemeinde Vallada Agordina (einst nur Vallada) verteilt sich auf mehrere Fraktionen im Valle del Biois. Es ist ein Sommer- und Winterferiengebiet, und die Landschaft mit ihren herrlichen Wiesen, Wäldern und fast noch unberührten Bergen zieht immer mehr Gäste und Touristen an, die Erholung und gute Wandermöglichkeiten suchen.

Sehenswert

Die antike **Kirche des Hl. Simon** (um das 11. Jh.) mit interessanten Freskenzyklen; während der Überschwemmung im November 1966 schwer beschädigt, wurde sie später restauriert. Die **Confraternità dei Battuti.** Das **Museum für Geschichte und Kultur des Valle des Biois.**

VALLE DI CADORE

Gde., Prov. Belluno, Einw.: 2.170, Höhe: 819 m, Postltz.: I-32040. **Auskunft:** Pro Loco Valle di Cadore. **Bahnstation:** Calalzo di Cadore (6 km).

Der hübsche Ort liegt im unteren Valle d'Ampezzo in dominierender Lage über dem Boitebach, der etwas weiter oberhalb den Lago di Valle di Cadore bildet. Der Ort verfügt über etwas Industrie und ist ein anerkannter Ferienort. Die herrliche Bergwelt ringsum ist für die vielen Wanderer und Bergliebhaber allgemein ein großer Anziehungspunkt. Die zahlreichen Funde des letzten Jahrhunderts bestätigen den romanischen Ursprung der Siedlung.

Sehenswert

Das Becken des **Lago di Valle di Cadore.** Die **Kirche des Hl. Martin** in malerischer Lage über dem Valle d'Ampezzo; sie wurde im zweiten Jahrzehnt des 18. Jh.s renoviert. Die **typischen Bauten** im Ortskern.

VIGO DI FASSA

Gde., Prov. Trento, Einw.: 684, Höhe: 1.382 m, Postltz.: I-38039. **Auskunft:** Azienda Autonoma di Soggiorno »Centro Fassa«. **Bahnstation:** Bozen (40 km). Busverbindungen mit Bozen und Trient. **Bergbahnen:** Seilbahn Catinaccio (Ciampedie), Tal 1.400 m, Berg 2.000 m, Länge 1.590 m, Fahrzeit 3 Min.; Sessellift Carezza, Tal 1.650 m, Berg 2.125 m, Länge 1.750 m, Fahrzeit 20 Min.

Das Dorf breitet sich zu beiden Seiten der Staatsstraße Nr. 241 in herrlicher Lage am Fuß des berühmten Rosengartens aus. Es ist ein bekanntes Winter- und Sommerfremdenverkehrszentrum und auch idealer Ausgangspunkt für Aufstiege in die umliegende Bergwelt.

Sehenswert

Soldatenfriedhof, 1915–1918. **Kirche S. Giovanni,** 14. Jahrhundert, Fresken. **Kirche S. Giuliana,** 13. Jahrhundert, Fresken.**Lourdes-Grotte. Ladinisches Kulturinstitut** mit angeschlossenem Museum und einer Bücherei.

VODO CADORE

Gde., Prov. Belluno, Einw.: 1.200, Höhe: 900 m, Postltz.: I-32040. **Auskunft:** Pro Loco Vodo Cadore. **Bahnstation:** Calalzo (16 km). Busverbindungen mit Calalzo, Belluno, Cortina d'Ampezzo.

Dieser Sommerfrischort im Tal des Boite dehnt sich in einem herrlichen Talkessel mit Blick auf den Pelmo im Westen aus, während über dem Dorf der Antelao aus dunklen Wäldern aufragt. Etwas tiefer als die Ortschaft selbst liegt ein kleiner Stausee.

Sehenswert

Die **Chiesa Monumentale** im etwas höher gelegenen Weiler Vinigo.

VOLTAGO AGORDINO

Gde., Prov. Belluno, Einw.: 1.210, Höhe: 858 m, Postltz.: I-32020. **Auskunft:** Azienda Autonoma di Soggiorno e Turismo Voltago Agordino. **Bahnstation:** Bribano (35 km). **Bergbahnen:** 1 Sessellift, Skilifte (in Frassené).

Voltago Agordino breitet sich an der Staatsstraße nach Fiera di Primiero aus, an den östlichen Ausläufern des M. Agner. Der ruhige Ferienort bettet sich mitten in eine herrliche Landschaft. Von Voltago sowie auch vom nahen Frassené aus kann man herrliche Wanderungen in die östliche Palagruppe unternehmen. Frassené wird wegen der vorhandenen guten Infrastrukturen immer mehr von den Wintersportlern aufgesucht.

Sehenswert

Die **Pfarrkirche** mit wertvollen barocken Altären sowie interessanten Gemälden.

ZOLDO ALTO

Gde., Prov. Belluno, Einw.; 1.600, Höhe: 1.177–1.380 m, Postltz.: I-32010. **Auskunft:** Ufficio del Comune Zoldo Alto. **Bahnstation:** Longarone (25 km). Busverbindungen mit Longarone, Belluno, im Sommer mit Cortina d'Ampezzo, Venedig. **Bergbahn:** Sessellift in Pecol, von 1.400 auf 1.765 m Höhe.

Von den insgesamt neun Weilern, die sich im Zoldano zur Gemeinde Zoldo Alto zusammengeschlossen haben, sind auf der Karte nur die Ortsteile Pecol, Mareson, Pianáz, Coi, Brusadaz und Costa zu sehen. Das Tal ist vom Massentourismus noch unberührt geblieben; Natur und Menschen haben ihren ursprünglichen Charakter bewahren können. Die Ortschaften, von denen aus viele Bewohner als »Eismänner« nach Deutschland gehen, sind daher gut geeignet für eine ruhige, erholsame Sommerfrische, mit zahlreichen Spaziergängen und Wanderungen. Vor allem für Anfänger gibt es gute Skisportmöglichkeiten in Pecol und an der Palafavera. Die Talorte, sowie die im Gemeindegebiet gelegenen Hütten an der Palafavera und der Forcella Staulanza, sind vorzügliche Ausgangspunkte für Hochgebirgswanderungen und Klettertouren im Bereich der Civetta und des Pelmo, auf die sich immer wieder großartige Ausblicke eröffnen.

Sehenswert

In der **Kirche von Mareson** zwei Altäre und Kruzifix aus der Hand des berühmten Barockbildschnitzers Andrea Brustolon, der aus dem Zoldano stammte. Der rechte Altar ist von Jacopo Costantini. – In der **Kirche von Brusadaz** holzgeschnitzter Altar des Grödner Künstlers Valentin Vinazzer (1718). – In allen Ortsteilen **malerische Bauernhäuser** mit hölzernen Balkons und Aufbauten und **charakteristische Stadel** aus Holz.

ZOPPÉ DI CADORE

Gde., Prov. Belluno, Einw.: 440, Höhe: 1.461 m, Postltz.: I-32010. **Auskunft:** Ufficio del Comune Zoppé di Cadore. **Bahnstation:** Longarone (27 km). Busverbindungen mit Forno di Zoldo, Longarone.

Eine herrliche, einsame Lage zwischen dem Zoldo- und dem Ampezzaner Tal hat das kleine Bergdorf Zoppé di Cadore, das sich seit einigen Jahren als Sommerfrischort durchzusetzen beginnt. Es ist der ideale Ausgangspunkt für Touren auf den Pelmo, der die Ortschaft im Norden überragt. In den Wäldern ringsum gibt es zahlreiche Wandermöglichkeiten für Menschen, die fern vom Massentourismus Ruhe und Entspannung suchen.

Sehenswert

In der **Pfarrkirche** Altarbild der Hl. Jungfrau, das Tizian zugeschrieben wird.

Rifugio Fonda-Savio in der Cadinigruppe ▶

D O L O M
D O L O M
Marmolada
Sella-Gr.
Puez-Gr.
Geisler-Gr.
Kreuzkofel-Gr.
Canazei
Campitello
Fonzaso di sotto
Campestrin
Col Bel
Moena
Soraga
V. di S. Pellegrino
V. di S. Nicolò
Pso. Rolle
C. di Vezzana
Pale di San Martino
San Martino di Castrozza
Fiera di Primiero
Transacqua
Tonadico
Siror
Pso. Cereda
Agordo
Alleghe
Caprile
Cencenighe
Canale d'Agordo
Falcade
Arabba
Corvara
Colfosco
Pralongia
St. Kassian
St. Ulrich Ortisei
St. Christina
Wolkenstein
Selva i. Gardena
Pordoijoch
Grödner Joch
Sellajoch
Langkofel
St. Leonhard
Pedraces
Badia
La Villa
Lagazuoi
Falzarego
Passo Giau
Livinallongo
Buchenstein
Pieve di Livinallongo
Malga Ciapela
Sasso di Valfredda
Costabella
Civetta
Pelmo
Sospirolo
Rivamonte
Gosaldo
Lage der beschriebenen Wanderwege

Cortina d'Ampezzo
Auronzo
S. Stefano di Cadore
Pieve di Cadore
Vodo Cadore
Calalzo
Domegge
Lozzo
Vigo
Longarone
Castello Lavazzo
Erto
Cimolais
Claut
Forni di sopra
Belluno
Ponte n. Alpi
Pieve d'Alpago
Forno di Zoldo
S. Vito di Cadore
Borca di Cadore
Misurina
Gruppo d. Sorapis
Gruppo d. Marmarole
Cristallo
Drei Zinnen
Sextener Dolomiten
Comelico Sup.
Lago Centro Cadore
Lago d. Vajont
Antelao
Pso. di Dsvaldo
Pso. d. Mauria
M. Serva
V. Settimana
V. Cimoliana
Piave
0
5
10 km

Wanderungen und Bergtouren in der Cristallo- und Cadinigruppe und in den Sextener Dolomiten

1 Wanderung: Auronzo di Cadore – Valle Giralba – Rif. Carducci, 2.297 m

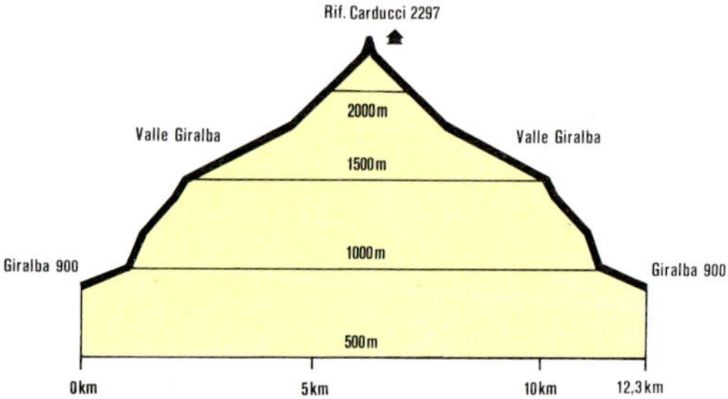

Ausgangspunkt: Auronzo
Parken: Abzw. in Giralba »Via pian della velena«
Höhenunterschied: 1.400 m

Wanderzeit: 4 Std.
Schwierigkeitsgrad: mittel!
Einkehr: Rif. Carducci

Tourenverlauf: Ca. 4 km nordwestlich von Auronzo verlassen wir bei oben genannter Abzweigung das Val d'Ansiei und folgen dem deutlich markierten Wanderweg Nr. 103 hinauf zu den letzten Häusern. Über Wald und Wiesen hinauf passieren wir dann einen Campingplatz und erreichen dann durch kleine Waldstücke eine steiler werdende Naturstraße. Entlang dem nach längeren Trockenperioden nur spärlich fließenden Bach nun immer nordwärts ins enger werdende Tal. Über ziemlich steile, felsige Wegstükke gelangen wir zur Wegteilung mit dem rechts abzw. Weg Nr. 109, der ins kleine Valle di Stallata führt. Wir bleiben jedoch links im nun Richtung Nordwesten führenden Haupttal und wandern über Wiesen und Latschenfelder. Nach einiger Zeit beginnt eine ziemliche Steilstufe, die über Gestrüpp und Latschen zu einer wieder flacheren Hochfläche führt. Bald erreichen wir die Rechtsabzweigung zur »Via ferrata Cengia Gabriella«. Wir bleiben jedoch auf dem Hauptweg und erreichen ca. 15 Min. nach der Abzweigung das Rif. Carducci, gelegen in einer Karmulde mit z. T. gewaltiger Felskulisse. Die Hütte kann auch als Alpinstützpunkt zur Weiterwanderung nach Norden über die Forc. Giralba zum berühmten »Alpinisteig« (nur für Geübte!) verwendet werden (siehe KOMPASS-Wanderbuch 955 Pustertal/Tour 44). Ansonsten Abstieg über Aufstiegsweg.

2 **Wanderung:** Über das Valle Marzón zur Auronzohütte, 2.330 m

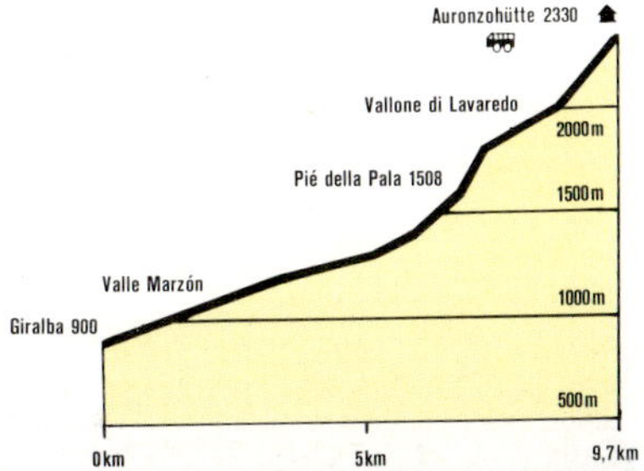

Ausgangspunkt: Giralba b. Auronzo
Parken: Giralba (Bushaltestelle)
Höhenunterschied: ca. 1.400 m
Wanderzeit: 5 Std.
Schwierigkeitsgrad: mittel!
Einkehr: Auronzohütte

Tourenverlauf: Von Giralba aus über die Hauptstraße ca. 1,5 km nach Westen und bei der deutlichen Beschilderung »Valle Marzón« nach rechts. Über eine schmale, jedoch wenig befahrene Asphaltstraße nun mittelmäßig ansteigend – am Ende über einige Kehren – hinauf in den Talschluß, wo die Asphaltstraße nach einer Linkskehre in einen schmalen Karrenweg übergeht. (Bis hierher Fahrt mit PKW möglich, wenn diese Tour mit Tour Nr. 4 und Abstieg über Weg 107 im steilen Valle di Cengia verbunden wird.) Über das ausgeschwemmte Bachbett den steiler werdenden Weg hinauf. Nach Passieren einer Ruine nun steil hinauf durch das Vallone di Lavaredo, in vielen Kehren über das Ostkar des M. Campedelle zur Auronzohütte, die wir bereits seit dem Talschluß des Valle Marzón vor der herrlichen Kulisse der Südwände der Drei Zinnen erblikken können. Neben der bereits erwähnten Variante kann diese Tour auch mit Tour Nr. 3 zu einer Zweitagestour erweitert werden. Ansonsten Rückfahrtmöglichkeiten von der Hütte per Bus über Misurina nach Auronzo (vorher Erkundigung einholen, da spärliche Verbindungen!).

❸ **Höhenwanderung:** Via ferrata Bonacossa

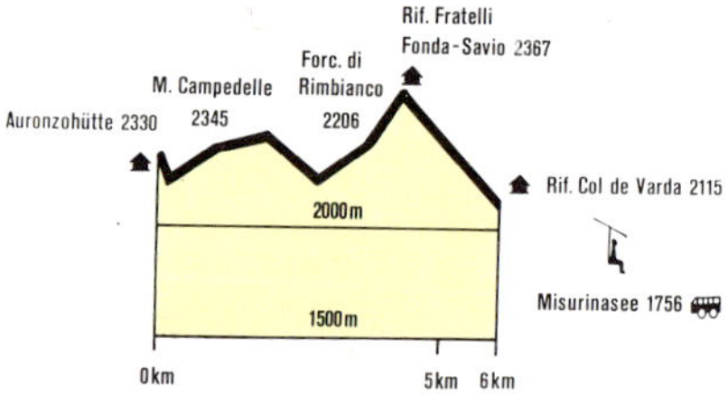

Ausgangspunkt: Auronzohütte, 2.330 m
Parken: Parkplatz bei der Hütte
Höhenunterschied: Aufstieg 300 m, Abstieg 500 m

Wanderzeit: 5 Std.
Schwierigkeitsgrad: schwer! Bei einigen Stellen Trittsicherheit erforderlich!
Einkehr: Rif. F.lli. Fonda-Savio, Rif. Col de Varda

Tourenverlauf: Diese herrliche Höhenwanderung durch die zerklüftete Cadinigruppe ist eine der Fortsetzungsmöglichkeiten von Tour Nr. 2. Ansonsten erreicht man nach Entrichtung einer kleinen Mautgebühr heute mühelos per Auto die Auronzohütte; aus diesem Grund sollte diese Tour nach Möglichkeit außerhalb der ausgesprochenen Hochsaison (im August) durchgeführt werden. Die Wanderung beginnt auf dem südlich der Auronzohütte beginnenden Steig Nr. 117 zuerst eben bis leicht abwärts und steigt später auf gutem Weg zum M. Campedelle an, 2.345 m. In prachtvoller Höhenwanderung nun weiter nach Südwesten, vorbei an immer wieder sichtbaren Stellungen aus dem Ersten Weltkrieg. Nun mit immer besserem Blick in die zentrale Cadinigruppe über z. T. gesicherte Steiganlagen östlich um die Cma. Cadin di Rimbianco. Bald ist die Forc. di Rimbianco mit herrlicher Rundsicht erreicht. Nun weiter südwärts auf Weg 117 und schließlich über eine Rinne und einem kurzen Steilstück aufwärts zum Rif. Fratelli Fonda-Savio. Nach gemütlicher Rast zuerst auf beschildertem Weg ein Stück westwärts und darauf weiter auf Weg Nr. 117 wieder Richtung Süden. Hier nun über z. T. mühsame Wegetappen zum höchsten Punkt dieser Tour, zur 2.620 m hohen Forc. del Diavolo. Nun über Steigsicherungen und Kehren steil abwärts vorerst ins Cadin della Neve und dann in gleicher Weise zur Forc. Misurina. Von hier nun über inzwischen wieder leichtere Streckenabschnitte zum Rif. Col de Varda und mit dem Sessellift zum Misurinasee. Ab hier gute Busverbindungen bzw. Mitfahrmöglichkeiten zur Auronzohütte.

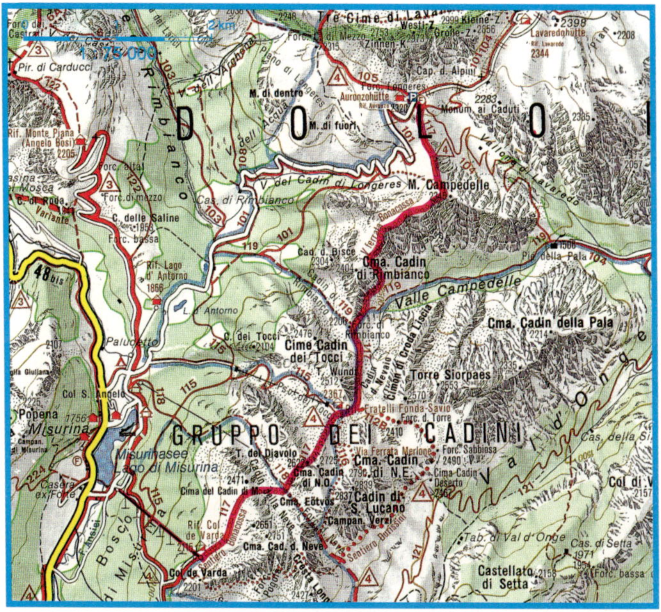

④ **Höhenwanderung:** Auronzohütte – Lago di Cengia

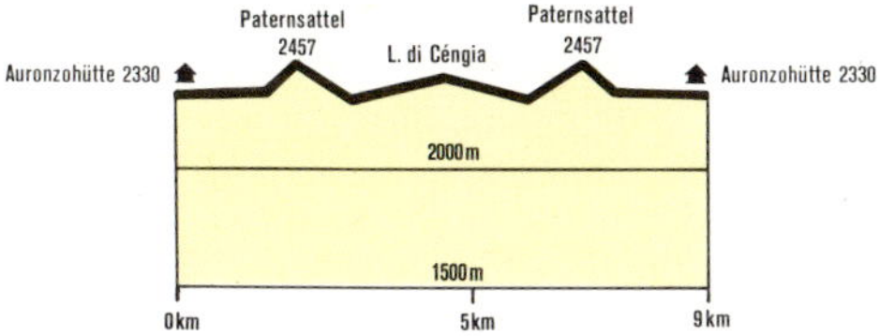

Ausgangspunkt: Auronzohütte, 2.330 m
Parken: Parkplatz bei der Hütte
Höhenunterschied: ca. 200 m

Wanderzeit: 3 Std.
Schwierigkeitsgrad: leicht!
Einkehr: Lavaredohütte

Tourenverlauf: Auf breitem Wanderweg führt diese Route östlich der Auronzohütte leicht aufwärts zur Lavaredohütte. Imposant steigen dabei linker Hand die Südwände der Drei Zinnen empor. Von der Lavaredohütte aus lohnt sich der Abstecher über einen Serpentinenweg hinauf zum Paternsattel. Prächtige Ausblicke auf die Nordseite der Drei Zinnen und in die nördlichen Sextener Dolomiten sind diesen kurzen Aufstieg der Mühe wert. Nun entweder zu kurzer Einkehr zurück zur Lavaredohütte oder ein Stück oberhalb derselben auf den Weg Nr. 104, der entlang der Südwände

Kleine Zinne, 2.856 m

des Passportenkopfes nun in ziemlich gleichmäßiger Steigung ostwärts führt. Nach gemütlicher Wanderung passieren wir einen Rechtsabzweiger (Weg Nr. 107) und gelangen zum Lago di Cengia inmitten eines herrlichen Hochgebirgpanoramas. Wer diese Wanderung mit Tour Nr. 2 zu einer Rundwanderung verbinden möchte, kann kurz zurück zur Abzweigung Weg 107 wandern und auf diesem ins Valle Marzón absteigen. Ansonsten Rückweg wie Aufstiegsweg.

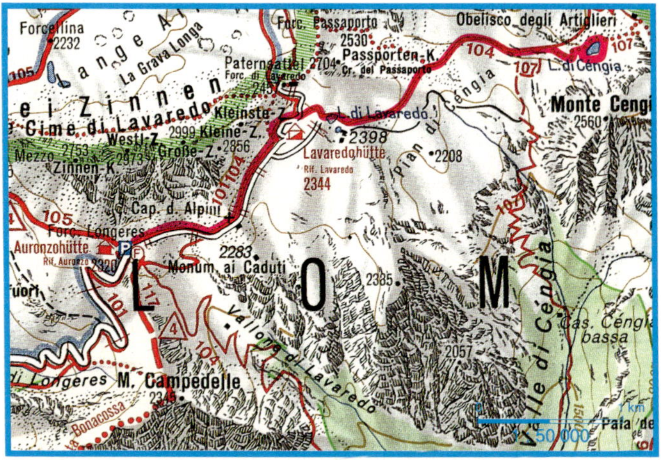

❺ Höhenwanderung: Freilichtmuseum Monte Piana, 2.257 m und Monte Piano, 2.321 m

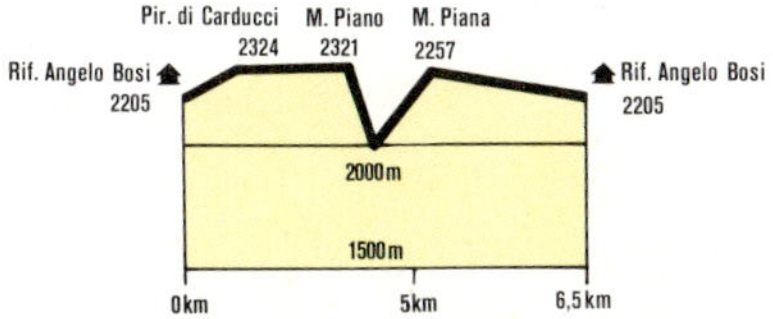

Ausgangspunkt: Misurina
Parken: an der Zufahrtsstraße zum Rif. Angelo Bosi al Rif. Monte Piana
Höhenunterschied: ca. 200 m

Wanderzeit: ca. 4 Std.
Schwierigkeitsgrad: leicht!
Einkehr: Rif. Angelo Bosi al Rif. Monte Piana

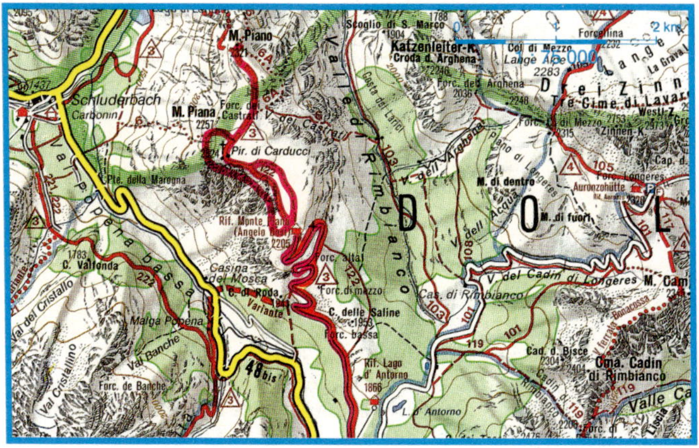

Tourenverlauf: Von Misurina mit dem PKW Richtung Auronzohütte, jedoch schon nach wenigen Metern von dieser Straße nach links abzweigend über die schön trassierte Auffahrtsstraße zum Rif. Angelo Bosi. Empfehlenswert zur Schonung des Fahrzeuges ist ein Parken in einer kleinen Ebene kurz vor Ende der Asphaltierung. Von hier wandern wir über die Staubstraße mühelos zur Bosihütte und genießen dabei bereits die wunderbare Aussicht auf die Westseite der Drei Zinnen und die weiter südlich gelegene Cadinigruppe. Von der Hütte nun über die Treppe hinauf zur Gedenkkapelle und hier dem Weg weiter nordwärts folgen. Beidseits des Weges begleiten uns bereits zahllose Reste von Lauf- und Schützengräben, bis wir zu den ersten restaurierten und beschilderten Gräben und Kavernen an der ehemaligen italienischen Frontseite gelangen. Bald darauf hinab in die Forc. dei Castrati. Rechts Blick zu einer im Felsen gelegenen Stollenanlage (Begehen dieses Weges nur für Trittsichere!). Nun hinauf zur von den Österreichern gehaltenen Monte Piano-Kuppe und zu den hier besonders sehenswerten, wiederhergestellten Befestigungsanlagen. Beim Nordgipfel, dem »Toblacher Kreuz«, stoßen wir auf den nordseitigen Aufstiegsweg, dem wir nun südwärts folgen, bis dieser kurz vor der Forc. dei Castrati wieder in unseren Aufstiegsweg einmündet. Hier nun dem breiten Weg westlich folgend, erreichen wir die Monte Piana-Westkuppe mit herrlichem Blick in die Cristallo-Gruppe. Von einer kleinen Militärhütte aus erreichen wir auf einem bequemen Fahrweg wieder die Bosihütte und unseren Ausgangspunkt.

6 **Rundwanderung:** Misurina – Val Popena alta – Sella di Popena, 2.214 m – Misurina

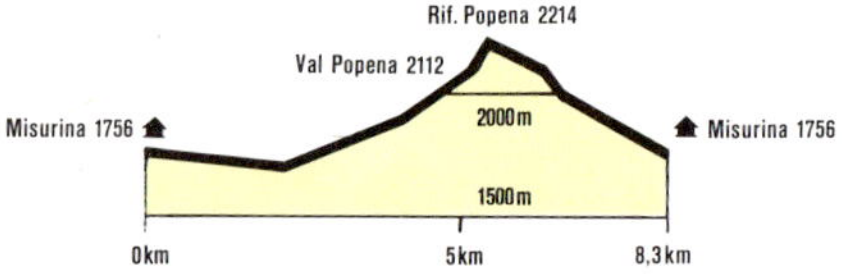

Ausgangspunkt: Misurina
Parken: im Ort
Höhenunterschied: ca. 550 m
Wanderzeit: 4 Std.
Schwierigkeitsgrad: leicht!
Einkehr: in Misurina

Tourenverlauf: Wir verlassen Misurina entlang der Dolomitenstraße 48 Richtung Norden und wandern über Wiesen durch das hier recht breite Tal; vor uns der Monte Piana. Bei einer Verengung und darauf stärkerer Linksneigung folgen wir nun wieder exakt der Straße bis hinunter zu einer starken Rechtskehre mit Bachüberquerung. Hier nun links abbiegend, dem beschilderten Steig folgend, hinauf ins Val Popena alta. Nun unter den Felsgebilden der östlichen Cristallogruppe auf diesem Teilabschnitt des Dolomitenhöhenweges 3 stets Richtung Süden. Wir überqueren im oberen Talbereich das hier meist ausgetrocknete Bachbett. Nach immer spärlich werdender Vegetation, z. T. in Kehren und Geröllfelder querend, gelangen wir etwas mühsam hinauf zum höchsten Punkt dieser Wanderung, der 2.214 m hohen Sella di Popena mit einer verfallenen Schutzhütte. Es bieten sich besonders schöne Ausblicke auf die im Süden liegenden Dolomitengruppen Sorapiss und Marmarole. Von hier nun ein Stück steil in

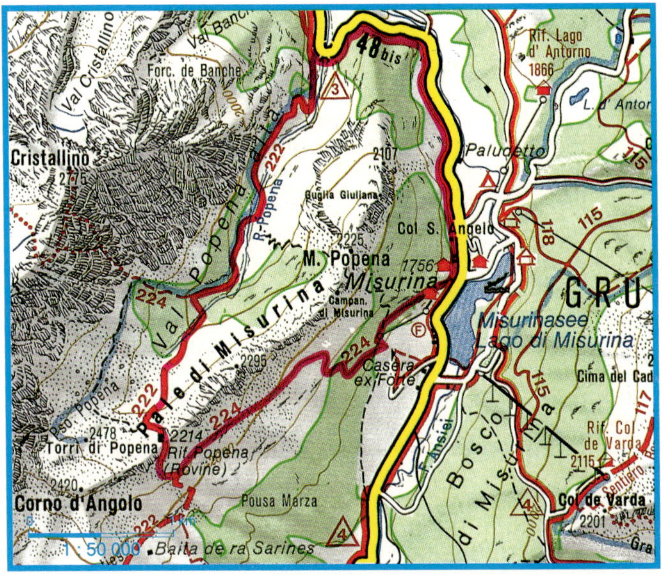

die Geröllrinne nach Süden, doch bald links abzweigend in den Weg 224, der uns – die Pale di Misurina an der Südseite querend – wieder zurück nach Misurina führt.

7 **Rundwanderung:** Um den Misurinasee

Ausgangspunkt: Misurina
Parken: Nähe Hotel Misurina
Höhenunterschied: keiner
Wanderzeit: 1 Std.
Schwierigkeitsgrad: leicht!
Einkehr: mehrere Gasthöfe und Hotels an der Strecke

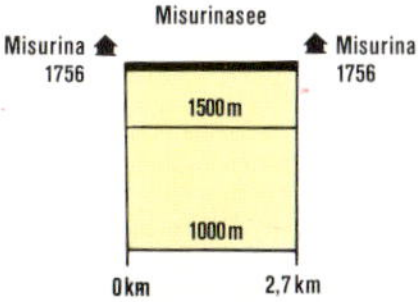

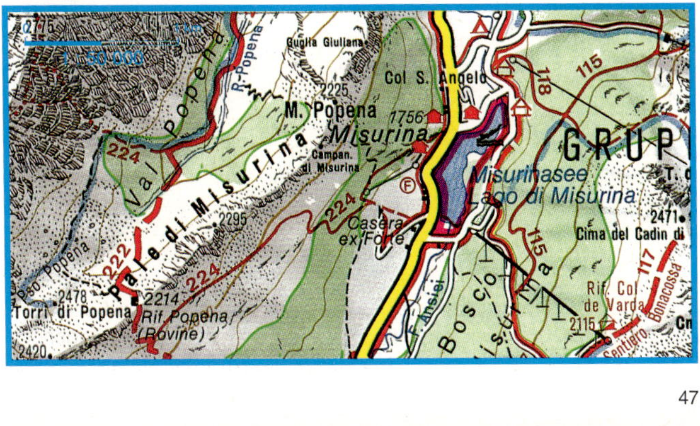

Misurinasee mit Drei Zinnen

Tourenverlauf: Dieser gemütliche Spazierweg kann wirklich von jedermann begangen werden und vermittelt trotzdem herrliche Naturkontakte, vor allem wenn sich bei klarem Wetter und Windstille umliegende Dolomitengruppen im ruhigen Gewässer des Misurinasees widerspiegeln. Am schönsten und beschaulichsten ist diese Umrundung natürlich außerhalb der ausgesprochenen Hauptsaison; empfehlenswert besonders ab Mitte September. Dort, wo die Dolomitenstraße 48 den See Richtung Norden verläßt, biegen wir rechts in eine am Seeufer entlang führende Seitenstraße ein, auf der wir den verengten Nordzipfel des Sees mit Blick auf die Drei-Zinnen-Südseite erreichen. Von hier nun auf einem gemütlichen Spaziersteig nach Süden zur Sessellift-Talstation. An dem markanten, mehrstöckigen Gebäude am Südufer vorbei wiederum zur Dolomitenstraße. Dieser wieder nordwärts am Seeufer entlang zum Ausgangspunkt.

8 Wanderung: Passo di Tre Croci – Passo Son Forca, 2.215 m – Forcella de Zumeles, 2.075 m – Cortina d'Ampezzo

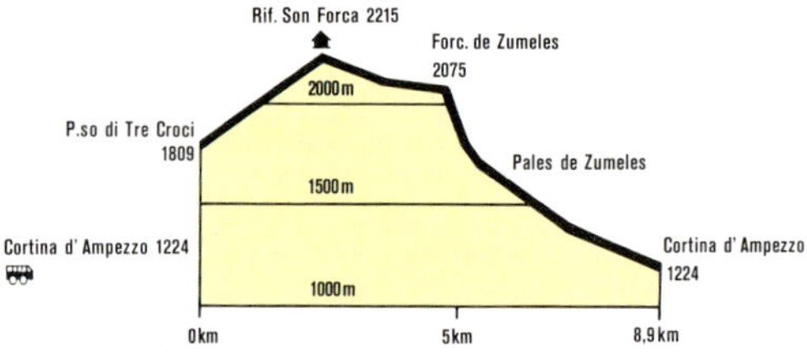

Ausgangspunkt: Cortina d'Ampezzo
Parken: Busbahnhof
Höhenunterschied: Aufstieg ca. 300 m, Abstieg ca. 900 m

Wanderzeit: 3½ Std.
Schwierigkeitsgrad: leicht!
Einkehr: Rif. Son Forca (ca. 20 Min. abseits des beschriebenen Weges)

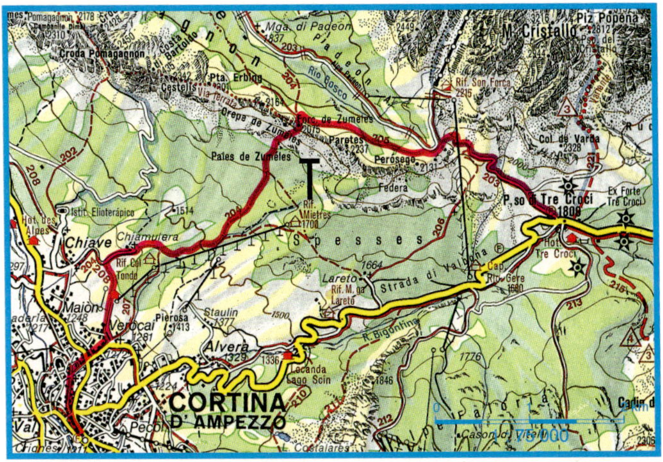

Tourenverlauf: Mit dem Bus gelangen wir bis zur Tre-Croci-Paßhöhe. Von hier aus nun ab der nördlichen Straßenseite den Weg mit der Markierung 203 benützend nach Nordwesten. Auf einer alten Kriegsstraße gelangen wir hinauf zu den Kehren, die uns durch Wald und Wiesen zum Passo Son Forca führen. Von hier aus kann in 20 Min. auf einem bequemen Steig (Fahrweg) die Son Forca-Hütte als Einkehrplatz erreicht werden. Ansonsten nun auf dem links vom Fahrweg abzweigenden Weg Nr. 205 weiter nach Nordwesten. Ziemlich eben quert man den Ostausläufer des Pomagagnon-Kammes. Mit z. T. herrlichen Ausblicken auf die rechter Hand liegende Cristallogruppe erreichen wir die Felsrinne der Forcella de Zumeles. Mit großartigen Ausblicken auf die Tofana sowie das Talbecken von Cortina und die weiter westlich liegenden Dolomitengruppen steigen wir vorerst etwas steiler (Vorsicht bei feuchter Witterung!), danach etwas weniger steil, an Lärchen und Latschen vorbei, bis zu einer Wegteilung. Der Linksabzweiger führt zum Rif. Mietres, von wo aus der Abstieg mittels Sessellift bis Cortina verkürzt werden könnte. Geradeaus weiter bringt uns der Weg Nr. 204 über Wiesen und durch Lärchenwälder hinab bis in das Zentrum von Cortina d'Ampezzo.

9 **Talwanderung:** Auf dem alten Bahnweg von Cimabanche zum Hotel »Fiames«

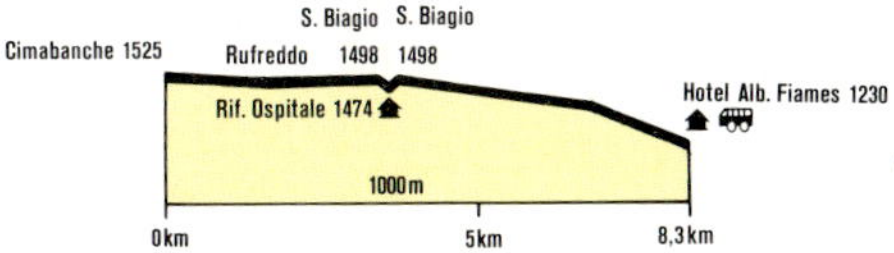

Ausgangspunkt: Cimabanche
Parken: Parkplatz bei kleiner Bar
Höhenunterschied: ca. 150 m

Wanderzeit: 3 Std.
Schwierigkeitsgrad: leicht!
Einkehr: Rif. Ospitale, Hotel Fiames

Tourenverlauf: Im Dolomitenbereich gibt es zahlreiche Trassen, wo früher Bahnlinien verliefen, welche jedoch zumeist wegen mangelnder Rentabilität aufgelassen wurden. Viele dieser Trassen eignen sich heute als bequeme Wanderwege, da sie trotz hochalpiner Umgebung mit nur sehr geringem Höhenunterschied angelegt werden mußten. Einer dieser Wege beginnt in Cimabanche, der Provinzgrenze zwischen Südtirol und der Provinz Belluno. Parallel zur Dolomitenstraße »Strada Alemagna« beginnt dort ein flacher, eigentlich wenig begangener Weg, der meist ziemlich nahe an der Südseite der Straße Richtung Westen führt. Nach ca. 1 Stunde gleichmäßiger Abwärtswanderung erreichen wir ein kleines, auf Straßenhöhe liegendes Kirchlein und darüber das Rif. Ospitale, wo wir kurz zur Einkehr hinaufsteigen. Wenige Meter der Straße entlang, biegen wir links wieder in den Seitenweg, dann gleich wieder rechts in den hier weiterführenden Bahnweg; immer näher kommt nun das starke Rauschen des Rio Felizon, der unweit der Ruine Peutelstein (Potestagno) durch eine enge Schlucht stürzt. Wir überqueren vorher den Bach und steigen über einen Waldweg hinab zur »Strada Alemagna«. Dieser nun ein Stück entlang und etwas später in südlicher Richtung rechts von der Straße ab zu einer Forststraße, die uns nun immer südwärts haltend nahe dem Boite-Bachbett zum Hotel Fiames führt.

10 **Wanderung:** Durch das Val Grande zum Rifugio Son Forca, 2.215 m

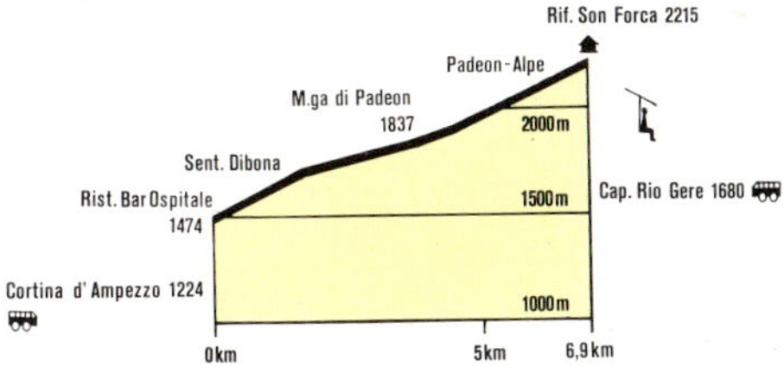

Ausgangspunkt: Cortina d'Ampezzo
Parken: Busbahnhof
Höhenunterschied: ca. 750 m

Wanderzeit: 4½ Std.
Schwierigkeitsgrad: leicht!
Einkehr: Rif. Son Forca

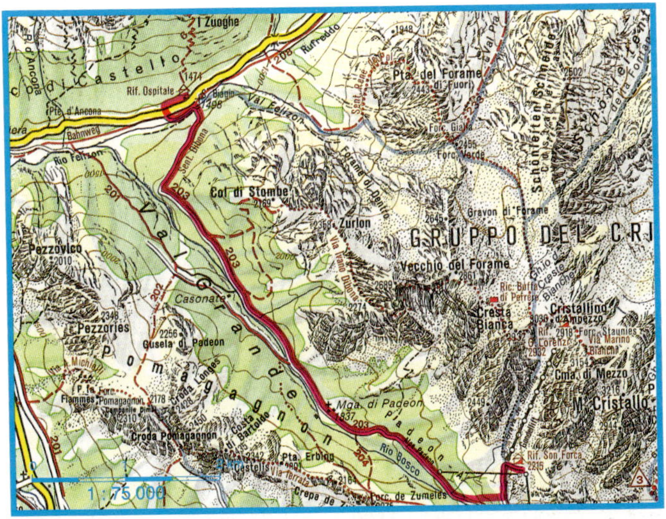

Tourenverlauf: Vom Busbahnhof in Cortina d'Ampezzo aus benutzen wir den Bus Richtung Toblach und verlassen diesen bei der Station Rif. Ospitale. Von hier nun ein kurzes Stück der Straße entlang westwärts und links hinab in einen Fahrweg, der bald darauf den Rio Felizon überquert. Nun steigt eine Forststraße »Sentiero Dibona« mit der Markierung »203« über den Westfuß des Col di Stombe hinauf ins Val Grande. Umgeben von der linker Hand steil aufragenden Cristallogruppe und dem zerklüfteten Pomagagnon rechter Hand führt der Weg entlang des Rio Bosco talaufwärts. Umrahmt von Zirbenbestand und über Almmatten führt der Weg ab der Malga di Padeon weiter aufwärts und unweit einer Sesselifttrasse und einer starken Linksbiegung gelangen wir auf inzwischen schon stärker »bevölkertem« Weg hinauf zum Rif. Son Forca. Nach Genießen der prächtigen Aussicht benutzen wir den Sessellift talwärts zur Cap. Rio Gere an der Tre-Croci-Paßstraße. Unweit der Talstation Weiterfahrtmöglichkeit per Bus zurück.

Wanderungen und Bergtouren in der Marmarolegruppe, im Sorapiss- und Antelaogebiet

11 **Bergwanderung:** Auronzo di Cadore – Val da Rin – Rif. Ciarido, 1.969 m – Rif. Monte Agudo

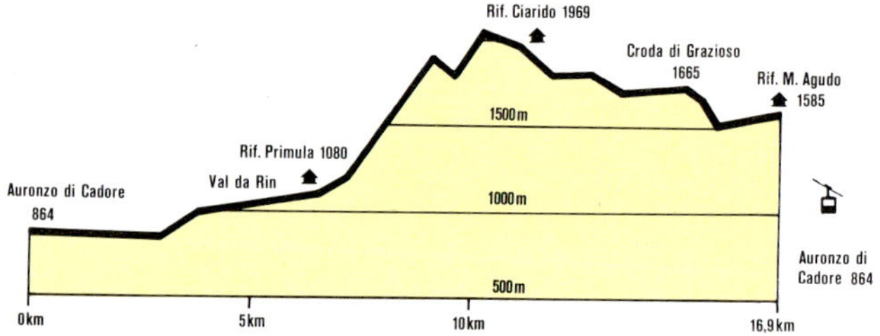

Ausgangspunkt: Auronzo di Cadore
Parken: Nähe Seilbahn-Talstation
Höhenunterschied: 1.200 m
Wanderzeit: 7 Std.

Schwierigkeitsgrad: mittel!
Einkehr: Rif. Primula, Rif. Ciarido, Rif. M. Agudo

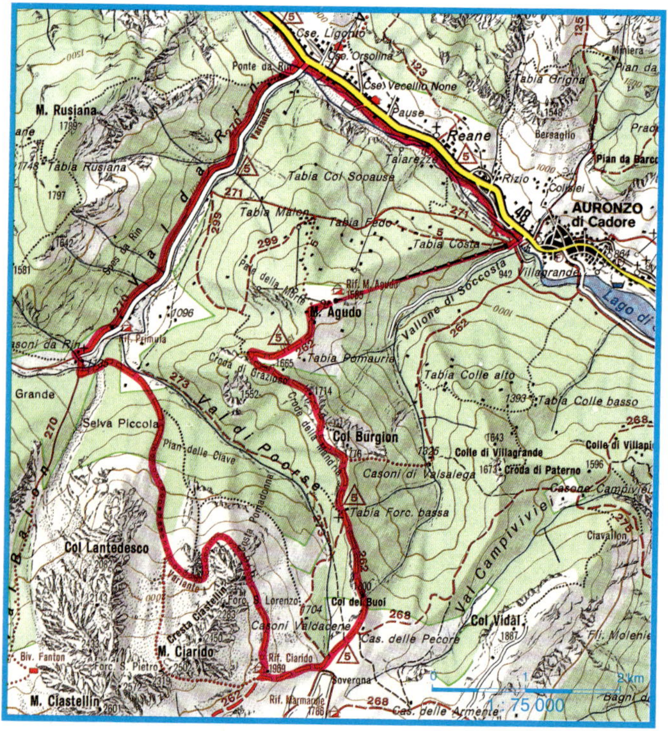

Tourenverlauf: Vom Ausgangspunkt vorerst Richtung Westen entlang der Straße bis zum Albergo Bellavista an der Ponte da Rin. Diese etwas eintönige Wanderung bis hierher kann auch durch Busfahrt ersetzt werden. Nun über die Ponte da Rin und weiter auf dem Asphaltsträßchen ins malerische Val da Rin. Sanft windet sich der Weg talaufwärts, bis wir nach müheloser Wanderung das Rif. Primula erreichen (nur kurzzeitige Sommerbewirtschaftung!). Kurz nach der Hütte überquert der Weg, die Taleinfahrtsstraße verlassend, den Bach (Markierung »5« im roten Dreieck). Durch Fichtenwald hindurch zu einer Wegteilung. Hier rechts haltend und auf steilem Weg zu einer weiteren Gabelung. Hier weiter an den DHW 5 rechts haltend steil aufwärts und über den Nordgrat des M. Ciarido und einige Kehren zur Aussichtswarte der Sella del Paradiso; mit 2.045 m dem höchsten Punkt dieser Route. Über die Ostflanke des M. Ciarido hinunter zum Rif. Ciarido. Nach Rast und Einkehr in der von Latschen und Geröll umgebenen Hütte Richtung Nordosten hinab zum Sattel. Nun der häufiger erkennbaren Markierung des DHW 5 folgend hinüber zum aussichtsreichen Col dei Buoi. Auf nun wieder etwas steilerem Abstieg hinunter zur Croda di Grazioso und z. T. über Kammwanderung erreichen wir das aussichtsreich über dem Val d'Ansiei gelegene Rif. M. Agudo. Während der Sommermonate kann ab hier die Route bis Auronzo durch die Seilbahntalfahrt verkürzt werden.

12 **Wanderung:** Calalzo – Valle d'Oten – Rif. Galassi, 2.018 m

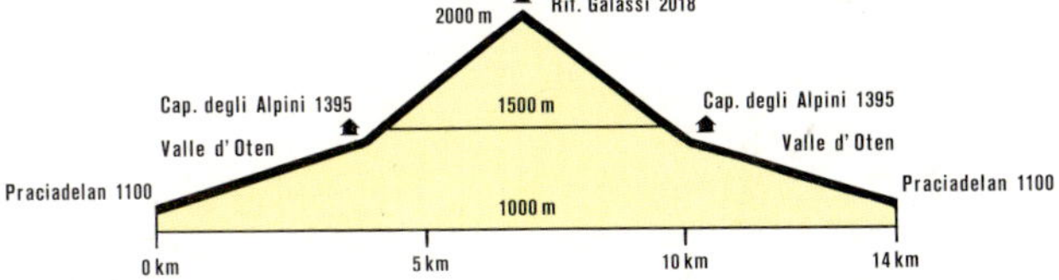

Ausgangspunkt: Calalzo di Cadore
Parken: im Ort
Höhenunterschied: 1.200 m
Wanderzeit: 5 Std.

Schwierigkeitsgrad: leicht!
Einkehr: mehrere Einkehrmöglichkeiten an der Strecke

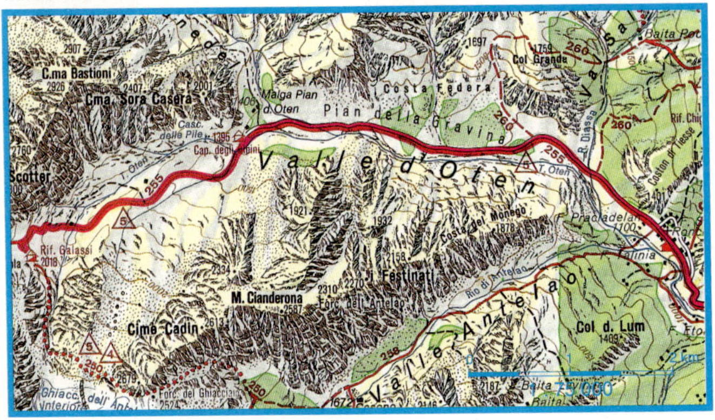

Tourenverlauf: Diese Route kann mit Tour Nr. 13 zu einer äußerst erlebnisreichen Zwei-Tages-Wanderung kombiniert werden; als Eintagestour nur für Frühaufsteher und Konditionsstarke. Sollte man nur die Wanderung zum Rif. Galassi und zurück wählen, kann der Aufstiegsweg durch Fahrt mit dem PKW bis Praciadelan um bis zu 2 Stunden verkürzt werden. Von Calalzo di Cadore nach Nordwesten über die Asphaltstraße mit Hilfe deutlicher Beschilderung ins Valle d'Oten. Kurz nach der Kapelle »Madonna di Caraveggio« überqueren wir den Rio Oten und gelangen zum Weiler Ronco. Mäßig steil führt uns nun der Fahrweg mit der Markierung 255 weiter zur Pian della Gravina an den Südabstürzen der Marmarolegruppe. Mühelos wird die nächste Einkehrmöglichkeit bei der Capanna degli Alpini erreicht. Großartig der hier beginnende Weg, der permanent steiler werdend und im oberen Bereich mit eindrucksvollem Blick auf die Antelao-Nordseite zum Rif. Galassi führt. Imposant vor allem die im Norden 800 m hoch aufragende Cima Scotter-Südwand. Weiterweg zur Tour Nr. 13 auf in westl. Richtung weisende Markierungen DHW 4, 5 oder Abstieg wie Aufstiegsweg.

13 **Bergwanderung:** San Vito di Cadore – Rif. San Marco, 1.823 m – (Rif. Galassi)

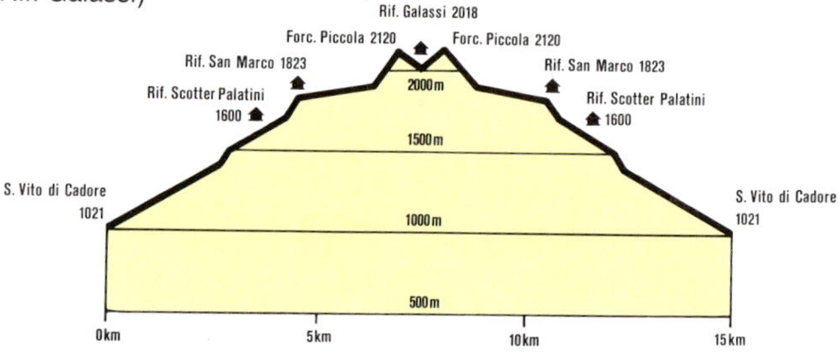

Ausgangspunkt: San Vito di Cadore
Parken: Ristorante »Il Cardo« (östl. Ortsrand v. S. Vito)
Höhenunterschied: bis Rif. San Marco 800 m, bei Weiterweg bis Rif. Galassi 1.100 m

Wanderzeit: 2½ Std. bis Rif. San Marco, 4½ Std. bis Rif. Galassi
Schwierigkeitsgrad: leicht!
Einkehr: Rif. San Marco

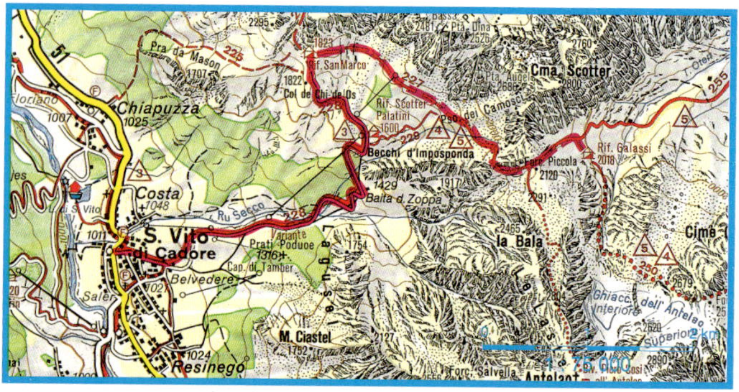

Tourenverlauf: Mit dem PKW (in San Vito gegenüber der Kirche abzweigen) erreichen wir die östlich des Ortskernes gelegene Anhöhe beim Ristorante »Il Cardo«. Über einen breiten, ausgeschwemmten Schotterweg nun in das breite Tal aufwärts. Durch Föhrenwald und später durch Latschen gelangen wir in unschwerem Anstieg zur 1.429 m hoch gelegenen, unbewirtschafteten Baita della Zoppa. Auf einem Karrenweg wandern wir zur Abzweigung des Steiges 229 (womit man die Route zum Rif. Galassi auf steilem Anstieg auch verkürzen könnte). Zum Rif. San Marco jedoch weiter geradeaus auf Weg 228 (DHW 3), welches nach Überwinden kürzerer Steilstücke auch auf schönem Weg bald erreicht ist. Herrliche Ausblicke bieten sich von hier vor allem nach Südosten auf den Antelao und nach Westen auf den imposanten Monte Pelmo. Als Tagesrundtour kann von hier der Weg 225 zum Abstieg nach Chiapuzza und weiter nach San Vito angetreten werden (ca. 2 Std.). Die Kombinationsmöglichkeit mit Tour Nr. 12 führt uns vom Rif. San Marco kurz zurück und dann auf Weg 227 links abzweigend und in unschwerem Anstieg zur Forc. Piccola mit äußerst interessanten Ausblicken auf Cima Scotter bzw. Antelaogletscher. Von der Forc. Piccola in wenigen Höhenmetern hinab zum Rif. Galassi.

Punta Sorapiss, 3.205 m,von Osten

⑭ **Bergwanderung:** Pieve di Cadore – Monte Trànego, 1.849 m – Rif. Antelao

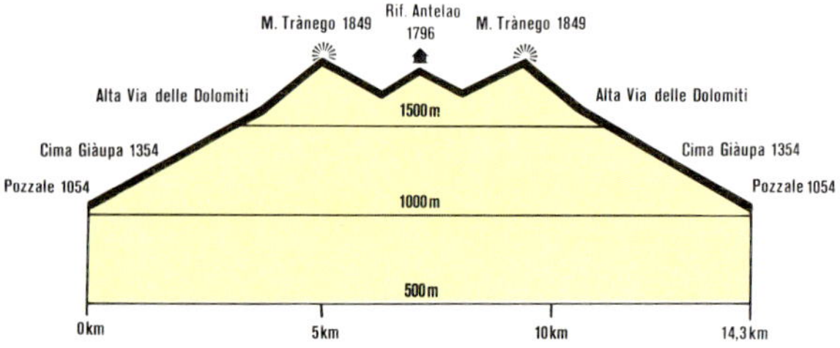

Ausgangspunkt: Pozzale
Parken: am Dorfplatz
Höhenunterschied: 800 m

Wanderzeit: 3 Std.
Schwierigkeitsgrad: leicht!
Einkehr: Cap. Antracisa, Rif. Antelao

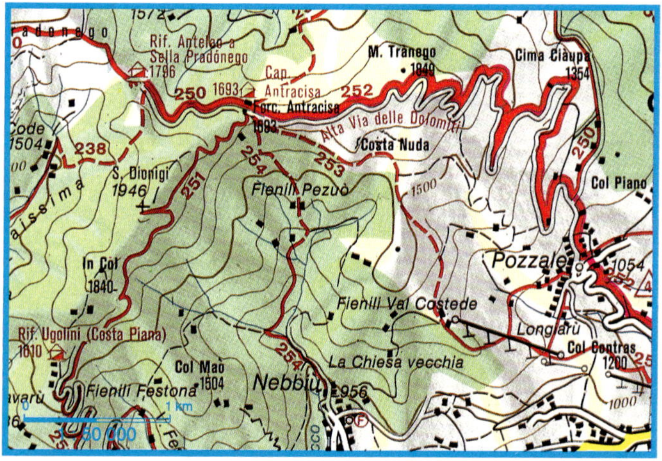

Tourenverlauf: An der rechten oberen Ecke des Dorfplatzes finden wir die ersten Beschilderungen zum »Rif. Antelao«; dort beginnt durch ein schmales Gäßchen hindurch unser Weg. Bald lassen wir die letzten Häuser von Pozzale hinter uns und nun beginnt ein gemütlicher Wanderweg, der sich in vielen Kurven, Windungen und einigen Kehren dem Osthang des M. Trànego entlang aufwärts zieht. An einigen Plätzen genießt man schöne Tiefblicke auf Pieve di Cadore und den See. Nach gut zwei Stunden gemütlicher Wanderung erreichen wir mit dem Gipfel des M. Trànego einen der wohl schönsten »Aussichtsbalkone« dieses Dolomitenbereichs. In unserem Blickfeld befinden sich nicht nur der in unmitelbarer Nähe befindliche Antelao im Westen oder die Marmarole im Norden, sondern wir lernen auch die Schönheit so unbekannter Gruppen wie die des im Süden aufragenden Bosconero kennen. Über einen mit herrlichem Lärchenwald bewachsenen Rücken (besonders schön im Spätherbst!) führt der Weg abwärts zur Cap. Antracisa als erster Einkehrmöglichkeit (nur im Sommer). Nun noch ein kräftiges Stück aufwärts auf dem Fahrweg Richtung Westen und auch die Antelao-Hütte ist erreicht, welche oft bis in den Spätherbst bewirtschaftet ist. Abstieg auf Weg 238 nach Süden oder auf dem Aufstiegsweg.

15 **Wanderung:** San Vito di Cadore – Bosco Nuovo – Vodo Cadore

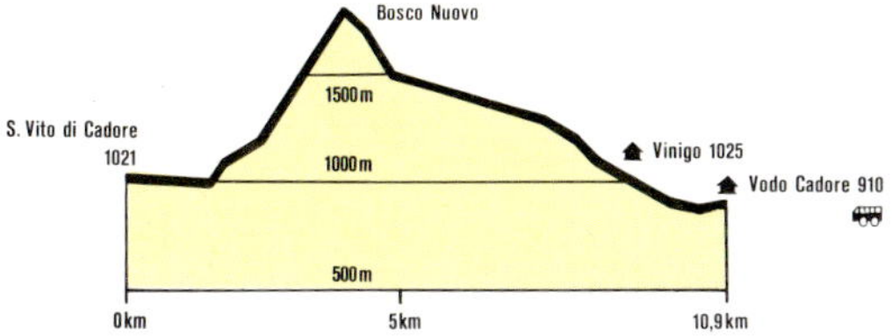

Ausgangspunkt: San Vito di Cadore
Parken: Nähe Kirche
Höhenunterschied: 800 m
Wanderzeit: 4 Std.
Schwierigkeitsgrad: leicht!
Einkehr: in Vinigo-Peaio, in Vodo Cadore

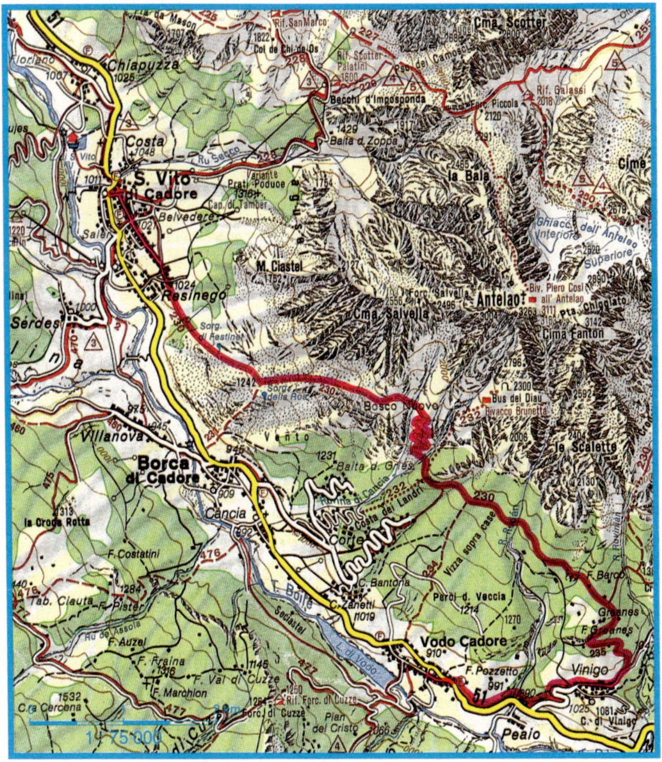

Tourenverlauf: Diese Wanderung ist eine wenig begangene Route am Südwestfuß des mächtig aufragenden Antelao, wobei der im Westen befindliche Mte. Pelmo unser ständiger »Begleiter« ist. In San Vito in die Straße gegenüber der Kirche hinauf (Linkskurve) und dann gleich nach rechts abzweigend in die lange Gerade, die »Via Ladinia«. An deren Ende, bei der »Pension Ancora«, links hinauf und etwa 50 m weiter oberhalb (rechts großer Parkplatz) beginnt linker Hand abzweigend ein Wanderweg mit der Numerierung »230«. Zuerst über Wiesen, später über Geröllfelder gewinnt der Weg rasch an Höhe. Nach Überwinden kurzer Steilstufen passieren wir den Bosco Nuovo sowie den Graben des Rovina di Cancia. Danach geht es in vielen Serpentinen rasch abwärts. Wir gelangen wieder zur Waldgrenze und gelangen nach weiterem Wegstück zu einer Abzweigung. Nach rechts kann hier auch im direkten Abstieg nach Vodo Cadore die Tour beträchtlich abgekürzt werden. Auf Weg 230 gerade weiter gelangen wir jedoch in permanentem Abstieg nach Vinigo und bei Peaio wieder zur Strada Alemagna. Auf der gegenüberliegenden Straßenseite erkennen wir das alte Bahnhofsgebäude und auf der ehemaligen Bahntrasse Richtung Nordwesten führt der Weg nach Vodo Cadore. Von hier Rückfahrtmöglichkeit per Bus nach San Vito.

16 **Bergwanderung:** Cortina d'Ampezzo – Crepedel, 2.343 m – Passo di Tre Croci

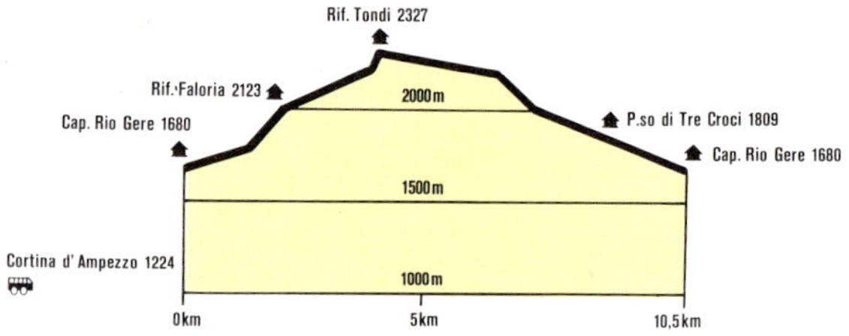

Ausgangspunkt: Cortina d'Ampezzo
Parken: Cap. Rio Gere an der Straße zum P.so di Tre Croci
Höhenunterschied: 670 m

Wanderzeit: 4 Std.
Schwierigkeitsgrad: leicht!
Einkehr: Rif. Faloria, Rif. Tondi, am Passo di Tre Croci, Cap. Rio Gere

Tourenverlauf: Mit dem PKW von Cortina d'Ampezzo (oder auch per Bus) bis zur Cap. Rio Gere, wo sich beiderseits der Straße je ein Sessellift befindet. Unweit des südseitig gelegenen beginnt ein Forststräßchen, markiert mit Nr. 212, welches in sanftem Anstieg meist durch Wald hinauf zum Rif. Faloria führt. (Als Variante wäre auch in der Betriebszeit eine Seilbahnauffahrt von Cortina bis hierher möglich; Gehwegkürzung ca. 1 knappe Stunde!) Auf beschildertem Weg nun steil hinauf zum Crepedel mit dem unmittelbar davor gelegenen Rif. Tondi. Nun in östlicher Richtung, dem Steig Nr. 213 folgend, in aussichtsreicher Wanderung über Geröll und Schrofen bis zu einer Abzweigung. Hier verläßt unser Weg Nr. 213 die Höhenroute, und wir gelangen durch ein kleines Tal und später in ziemlich gleichmäßigem Gefälle auf breiterem Wanderweg zum P.so di Tre Croci. Über ein an der Paß-Westseite beginnendes Sträßchen von hier nach We-

sten; wir berühren in einer Kurve nochmals kurz die Hauptstraße und über ein weiteres Stück Nebenweg gelangen wir in ca. 20 Min. von der Paßhöhe zu unserem Ausgangspunkt bei der Cap. Rio Gere.

17 **Bergwanderung:** Rif. Cristallo – Rif. Vandelli al Sorapiss, 1.928 m – Passo di Tre Croci – Valbona – Rif. Cristallo

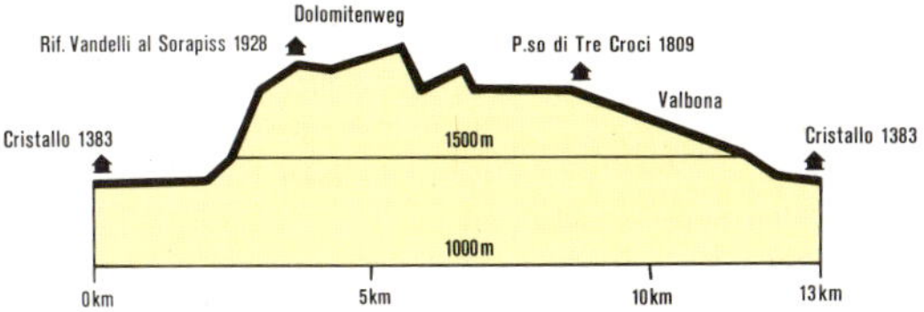

Ausgangspunkt: Rif. Cristallo im oberen Val d'Ansiei
Parken: Parkplatz vor dem Haus
Höhenunterschied: 550 m
Wanderzeit: 5 Std.

Schwierigkeitsgrad: mittel! Zwischen Rif. Vandelli und P.so di Tre Croci an einigen Stellen Trittsicherheit erforderlich.
Einkehr: Rif. Vandelli al Sorapiss, am Passo di Tre Croci, Hotel Cristallo

Tourenverlauf: Wer Betriebsamkeit und beschauliche Ruhe innerhalb einer Tour vereinen möchte, kann diese hier vorgeschlagene Variante wählen. Die Vandelli-Schutzhütte gehört zu den vielbesuchten Hütten

der Dolomiten, während der Rückweg durch das Valbona führt, welches bedingt durch die Sperre für KFZ Ruhe und Abgeschiedenheit ausstrahlt. Bei Spitzentagen in der Hochsaison ist ein Begehen dieser Route in umgekehrter Richtung ratsamer, da ein Abstieg über die Seilsicherungen von der Vandelli-Hütte bei »Gegenverkehr« doch etwas schwierig ist. Unsere Route beginnt jedoch hier beim Rif. Cristallo und führt in die gegenüberliegende Straße, wo nach wenigen Metern ein Schlagbaum umgangen werden muß. Bei einer Wegteilung gleich links und auf dem Weg 217 (auch markiert mit DHW 4) ins waldreiche Val Sorapiss. Über Serpentinen im Talschluß hinauf in den interessanten Felskessel, wo wir darauf nach unschwerer Weiterwanderung das Rif. Vandelli al Sorapiss erreichen. Lohnend ist von hier auch noch der Weiterweg zum wenig entfernten, grün schimmernden Lago del Sorapiss. Für den Abstieg überqueren wir den nahe der Hütte vorbeiführenden kleinen Rio Sorapiss und halten uns an den markierten Weg »215« bzw. DHW 3, der nun über Seilsicherungen und Treppen, später über Wiesen und durch Nadelwaldflächen mit nicht allzugroßem Höhenunterschied hinunter zum P.so di Tre Croci führt. Hier nun die Tre Croci-Paßstraße ca. 20. Min. ostwärts, an zwei alten Sperren aus dem Ersten Weltkrieg vorbei und rechts wieder in eine Forststraße hinab, die gleich am Anfang wiederum durch einen Schranken gesperrt ist. In ruhiger Wanderung dieser Straße folgend wieder hinunter zum Ausgangspunkt.

Sellagruppe von Süden ▶

Wanderungen und Bergtouren in der Sella-, Fanes- und Tofanagruppe

18 **Rundwanderung:** Rund um den Monte Cadin

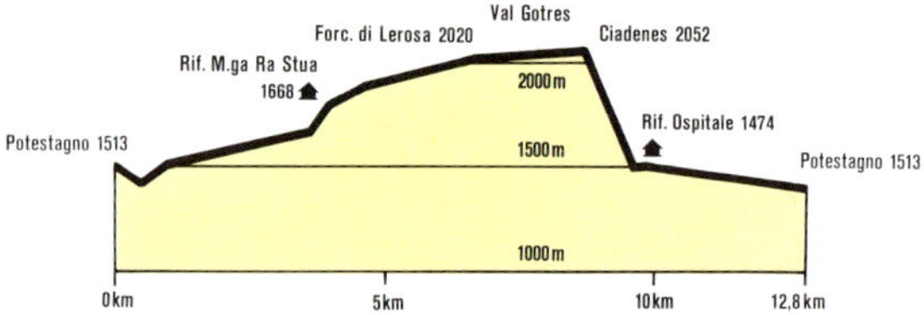

Ausgangspunkt: Vallon Scuro
Parken: Abzw. von der Strada Alemagna nach Ra Stua
Höhenunterschied: 550 m

Wanderzeit: 4½ Std.
Schwierigkeitsgrad: leicht!
Einkehr: Rif. M.ga Ra Stua, Rif. Ospitale

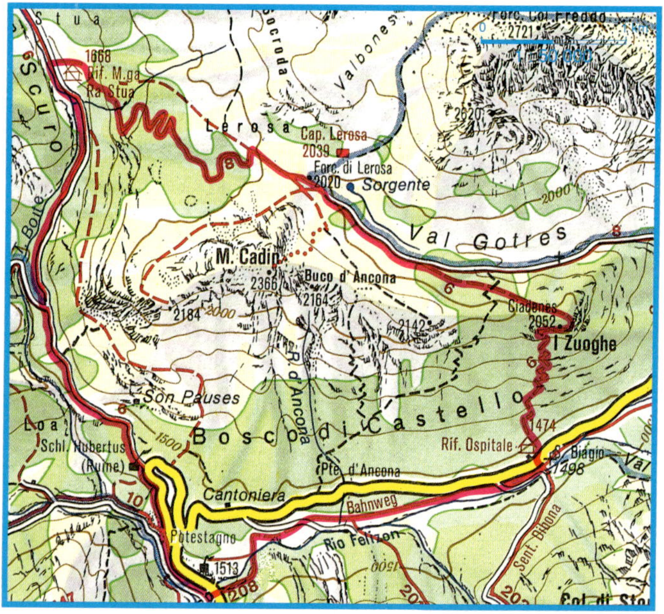

Tourenverlauf: Obwohl heute bis zur Alpe Ra Stua eine bequeme Asphaltstraße führt, ist dieser Weg zu Fuß wegen der großartigen Umgebung auf jeden Fall die geringe Mühe wert. Wenige Meter nach der Abzweigung gelangen wir zu einem Parkplatz, wo sich links ein kleiner Hügel befindet. Wer möchte, kann auf diesem Hügel, zu dem eine deutlich erkennbare, überwachsene Straße hinaufführt, die Reste des einst ausgedehnten k. u. k. Jagdschlosses Hubertus besichtigen, welches im Ersten Weltkrieg unter Artilleriefeuer in Schutt und Asche versank. Immer wieder mit Resten von Befestigungen gespickt ist der weitere Weg zur Ra Stua, wo sich im Ersten Weltkrieg auch ein bedeutender Stützpunkt zur Versorgung des österreichischen Militärs befand. Prachtvoll nun der Weiterweg von Ra Stua Richtung Südosten, der in Serpentinen zur Paßhöhe von Lerosa, 2.020 m, hinaufführt und linksseitig vom Felsmassiv der Hohen Gaisl, einem der Dreitausender in den Dolomiten, begleitet wird. Über einen alten Saumweg nun hinunter in das Val Gotres, wo wir nach einem längeren Stück gemütlicher Talwanderung den Linksabzweiger »6« zum Rif. Ospitale benutzen. Über den alten Bahnweg wie bei Tour »9« hinunter zur Schlucht bei Peutelstein und hier ein Stück die »Strada Alemagna« entlang zurück zu unserem Ausgangspunkt.

19 **Talwanderung:** Durch das Fanestal

Ausgangspunkt: Cortina d'Ampezzo
Parken: Schranken bei der Zufahrtsstraße ins Fanestal
Höhenunterschied: ca. 800 m
Wanderzeit: 2½ Std.
Schwierigkeitsgrad: leicht!
Einkehr: Große Fanesalm

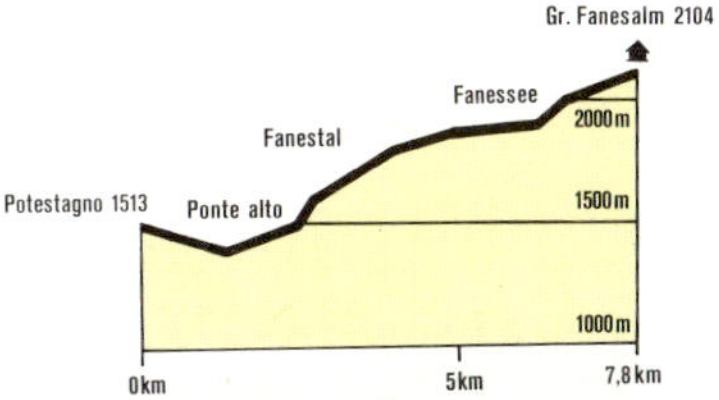

Tourenverlauf: Mit dem PKW von Richtung Cortina kommend, finden wir bald nach dem Hotel Fiames den gut beschilderten Linksabzweiger zum Fanestal. Nach ca. 3 km Weiterfahrt auf dieser schmalen Asphaltstraße Parkmöglichkeit beim Ende der Fahrstraße (Schranken). Von hier nun zu Fuß hinter dem Schranken weiter auf der Schotterstraße, mit einigen steiler ansteigenden Abschnitten hinauf zur kühn über der tiefen Travenanzesschlucht gelegenen »Ponte alto«. Nun weiter der Straße entlang aufwärts. Für Geübte und Trittsichere besteht einige 100 Meter nach Überqueren der Ponte alto die Möglichkeit, nach rechts zum Faneswasserfall (Bez. »Cengia de Mattia«) abzuzweigen, über Seilsicherungen geht es dabei unter dem Wasserfall hindurch; Umweg von ca. ½ Stunde! Bei einer starken Linkskehre der Schotterstraße mündet dieser Seitensteig wieder in den Haupttalweg ein, der nach weiterem Anstieg auf die Faneshochfläche führt. Nach Passieren des kleinen Fanessees geht es über Almen hinauf zur Abzweigung zum Limojoch (Abstecher zum Limosee als lohnende Variante) und zur Großen Fanesalm, 2.104 m. Als Zweitagestour kann die eben beschriebene Route auch mit Tour Nr. 20 kombiniert werden!

20 **Bergtour:** Große Fanesalm – Monte del Vallon Bianco, 2.688 m

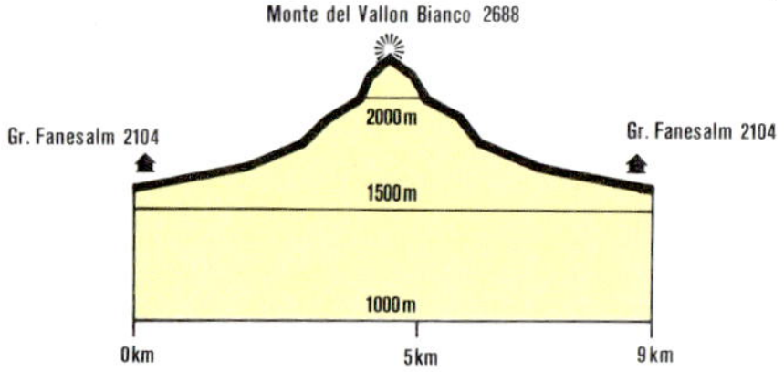

Ausgangspunkt: Große Fanesalm
Höhenunterschied: ca. 600 m
Wanderzeit: 3 Std.

Schwierigkeitsgrad: schwer! Nur für Geübte und Schwindelfreie!
Einkehr: Große Fanesalm
Karte: siehe Seite 63

Tourenverlauf: Wie bei Tour 19 beschrieben, wird die Große Fanesalm erreicht. Von der Hütte aus vorerst auf dem Karrenweg nach Süden. Kurz nach Überquerung des Baches erblicken wir links die Markierungen »VB – Via della Pace«, denen wir von nun an folgen. Über Almmatten und durch lichten Zirbenbestand hindurch nach Osten immer mit bequemen Anstiegen. Später über Serpentinen hinauf, wodurch wir merklich an Höhe gewinnen. Einzelne Mauerreste sowie Masten am Weg deuten uns die emsige Bautätigkeit in diesem Gebiet während des Ersten Weltkrieges an. Bei einer Gabelung, wo rechts eine weitere, jedoch noch schwierigere Variante zum Gipfel führen würde, bleiben wir links. Mit steigender Höhe häufen sich dann auch Trümmer als Weltkriegszeugen, die immer wieder den Weg bzw. seine nähere Umgebung säumen. Nach Passieren einer Quelle weiter und z. T. in Serpentinen aufwärts bis zur Abzweigung »Bivacco Furcia Rossa«. Hier nun scharf links und über ein Geröllband. Über Seilsicherungen und zahlreiche ausgesetzte Stellen nun in die nördliche Kammseite. Schließlich fast eben und dann nach einem kleinen Abzweiger in Kehren hinauf zum Gipfel. Dort bietet sich ein großartiger Ausblick auf das Fanestal und die Gipfel der Tofane. Gut Ausgerüstete können zu den zahlreichen Kriegsresten und Kavernen in der Umgebung absteigen bzw. diese besichtigen; größte Vorsicht beim Betreten der Stollenanlagen, da diese nicht gesichert sind! Nach einer sicherlich wohlverdienten Rast am Gipfel nehmen wir den Aufstiegsweg auch als Abstiegsweg, bis wir wieder die große Fanesalm erreichen.

21 **Bergtour:** Auf den Col Rosà, 2.166 m

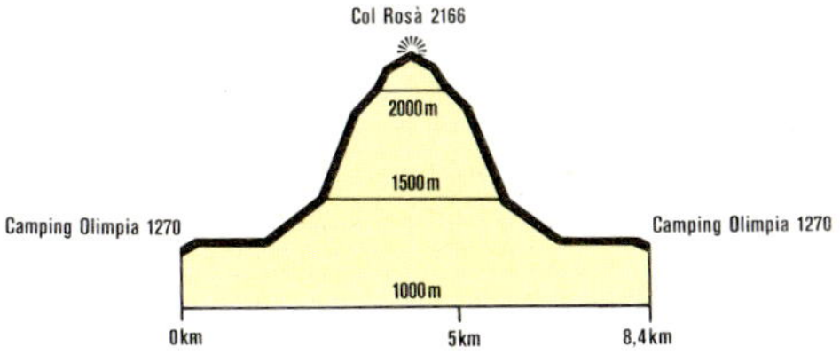

Ausgangspunkt: Cortina d'Ampezzo
Parken: Camping Olimpia (2 km nördlich von Cortina)
Höhenunterschied: 850 m
Wanderzeit: 2½ Std.
Schwierigkeitsgrad: mittel!
Karte: siehe Seite 63

Tourenverlauf: Im Vergleich zu anderen Felsmassiven in seiner Umgebung erscheint der Col Rosà dem Beobachter eher harmlos; wer jedoch seinen Gipfel erreicht, ist sich bewußt, warum er im Ersten Weltkrieg als wichtiger Beobachtungspunkt galt. Für Geübte hat er zudem an seiner Südseite sogar einen kurzen Klettersteig anzubieten. Diese Tour beschreibt den Normalanstieg über den Nordrücken, welchen wir beim Camping Olimpia über den für KFZ gesperrten Fahrweg am linken Boite-Bachufer Richtung Norden beginnen. Immer dem blaugrün gefärbten Bach linker Hand talaufwärts; wir passieren die Abzweigung vom P.so Posporcora, welche zum Klettersteig führen würde und gelangen zu unserer Abzweigung mit der Bezeichnung 447. Hier links ab und sofort steil durch Wald und Latschen hinauf zum Osthang. Vereinzelt zweigen vom Hauptaufstiegsweg alte Kriegssteige zu Kavernen und Unterständen ab; Vorsicht bei Einstieg in verfallene Kriegsreste! Nach ziemlich steilem Anstieg wird der Nordkamm erreicht, dem wir Richtung Süden folgen. Über diesen wird bald darauf der Gipfel mit herrlicher Aussicht erreicht. Abstiegsweg wie Aufstieg.

22 **Höhenwanderung:** Große Fanesalm – Kleiner Lagazuoi, 2.778 m

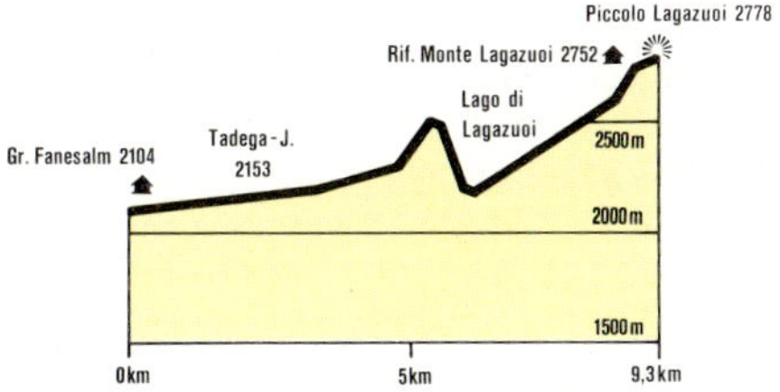

Ausgangspunkt: Große Fanesalm
Parken: Zugang wie bei Tour 19
Höhenunterschied: 650 m
Wanderzeit: 5 Std.
Schwierigkeitsgrad: mittel!
Einkehr: Rif. Monte Lagazuoi

Tourenverlauf: Zugang zur Großen Fanesalm wie bei Tour 19 mit ev. Nächtigung in der Faneshütte (ca. 1 Std. nördlich der Großen Fanesalm). Von der Großen Fanesalm nach Südwesten auf dem Karrenweg mit der Markierung 11 entlang ausgedehnter Wiesen beginnt diese schöne Höhentour.

Flach bis sanft ansteigend führt der Weg vorerst zum Tadega-Joch. Herrlich von hier aus bereits der Blick in die rechts gelegene Cunturinesgruppe; links die Fanisgruppe. Nun sanft talwärts und bei der folgenden Abzweigung gut bezeichnet Richtung Forc. del Lago weiter. Über felsdurchsetzte Wiesen und später Schrofen erreichen wir in unschwerem Anstieg unser bereits ein Stück vorher erkennbares, markantes nächstes Ziel, die Forc. del Lago. Bei klarer Witterung wird unser Blick nach Süden vom Gletscher der Marmolada beherrscht. Steil nun weiter nach Süden über eine Geröllrinne. (Besondere Vorsicht bis in den Frühsommer hinein, da

Große Fanesalm mit Monte Cavallo, 2.912 m

hier noch Schneereste liegen können!) Am Ende des steilen Abstieges treffen wir auf den kleinen Lago di Lagazuoi, der sich als idealer Rastplatz anbietet. Von hier nun wieder Richtung Süden unter permanentem Anstieg zur Forc. Lagazuoi; dann weiter auf dem Weg mit guter Markierung Richtung Südwesten zum Gipfel des Kleinen Lagazuoi mit Seilbahnbergstation und Schutzhaus. Rückkehrmöglichkeit zum Ausgangspunkt von Tour 19 mittels Seilbahn zum Falzaregopaß und dann weiter per Bus über Cortina d'Ampezzo.

23 **Wanderung:** Cortina d'Ampezzo — Lago Ghedina

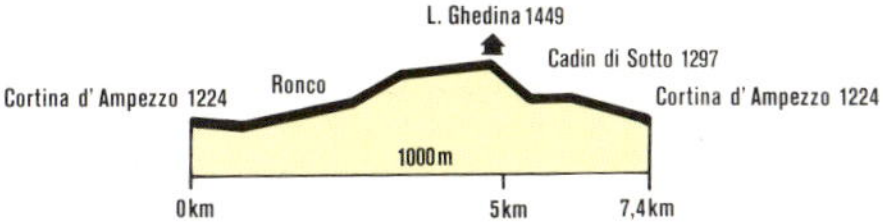

Ausgangspunkt: Cortina d'Ampezzo
Parken: beim Busbahnhof
Höhenunterschied: 240 m

Wanderzeit: 2½ Std.
Schwierigkeitsgrad: leicht!
Einkehr: Restaurant am See

Tourenverlauf: Vom Busbahnhof Cortina (welcher deutlich erkennen läßt, daß er einstmals als Schienenbahnhof diente) wendet man sich nach Süden hinunter über die Piazza Venezia, Piazza Roma und rechts hinunter über den Corso Cesare Battisti. Bald darauf auf der Falzarego-Paßstraße den Boite-Bach überquerend, erreicht man den Weiler Ronco, wo wir in einer markanten Linkskehre rechts abzweigend die Hauptstraße verlassen. Nun auf dem Wanderweg 413 hinauf, vorbei an der Olympia-Bobbahn zu einer Asphaltstraße. Hier nun rechts Richtung Norden, einzelne Skiabfahrten querend und meist parallel zur Asphaltstraße über

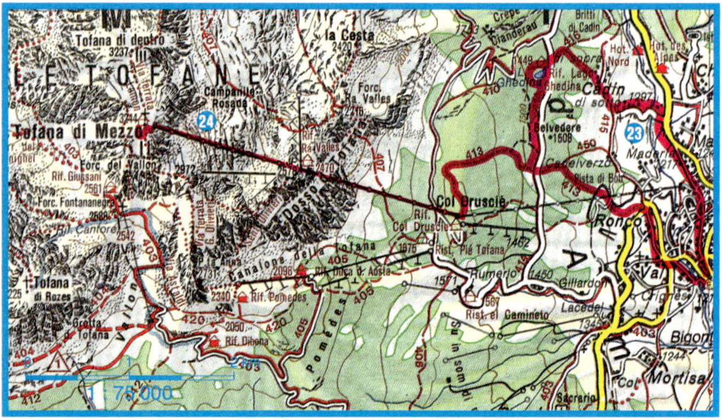

Waldwege zum malerischen Lago Ghedina am Fuß der mächtigen Tofana, welche von der östlichen Seeseite auch einen imposanten Hintergrund bildet. Nach gemütlicher Rast nun ostwärts über die Straße und über den Steig 415 durch Wald und über Wiesen nach Cadin di Sotto weiter über den Boite-Bach und zur Strada Alemagna. Parallel zu dieser verläuft der alte Bahn-Promenadenweg, über welchen wir wieder bequem nach Cortina d'Ampezzo gelangen.

24 Gipfeltour mit Seilbahnauffahrt: Cortina d'Ampezzo – Col Druscië – Tofana di Mezzo, 3.244 m

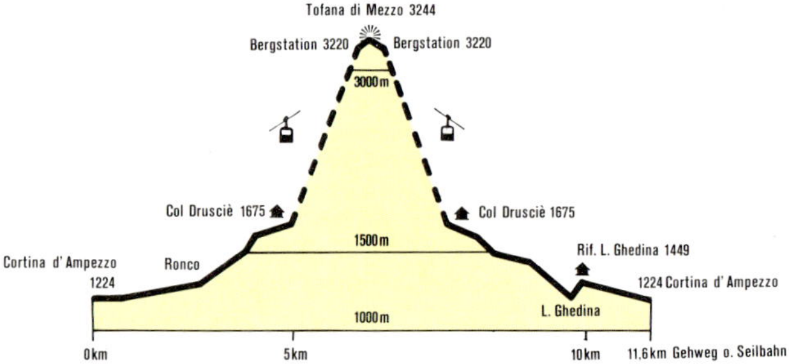

Ausgangspunkt: Cortina d'Ampezzo
Parken: beim Busbahnhof
Höhenunterschied: Wanderstrecke ca. 550 m, Gesamthöhenunterschied ca. 2.030 m

Wanderzeit: 4½ Std. (ohne Seilbahnauffahrt)
Schwierigkeitsgrad: leicht!
Einkehr: mehrere Möglichkeiten an der Route
Karte: siehe Seite 68

Tourenverlauf: Die im folgenden beschriebene Tour ist eine der Möglichkeiten, moderne Aufstiegshilfen mit einem interessanten Wandererlebnis zu kombinieren. Dabei erreichen wir mit der Tofana sogar einen »Dreitausender«, selbstverständlich ist diese Route außerhalb der stark frequentierten Monate (Juli, August) am reizvollsten. Wie bei Tour Nr. 23 vom

Busbahnhof bis nach Ronco und dann über den Wanderweg 413 hinauf zur querenden Asphaltstraße; jedoch hier nicht rechts weiter zum Lago Ghedina, sondern dem Weg 413 weiter bergauf folgend, welcher unter Überwinden einiger kleinerer Steiletappen hinauf zum Col Drusciè führt. Auf diese schöne Aussichtskanzel über Cortina d'Ampezzo führt die erste von drei Sektionen der Tofana-Seilbahn. Von hier an benutzen wir die zweite Sektion, die uns zur Zwischenstation beim Rif. Ra Valles und die dritte Sektion, die uns über z. T. bizarre Felsgebilde und in schwindelnder Höhe auf die Bergstation führt. Von dieser aus gelangen wir über die Metalltreppe und später über gesicherten Wanderweg bis ca. 10 m unter den Gipfel. Die letzten Höhenmeter bis zum Gipfel werden in leichter Kletterei überwunden. Nach Genießen der prachtvollen Aussicht auf fast sämtliche Dolomitengruppen wieder hinab bis zur Bergstation und mit der Seilbahn bis zum Col Drusciè. Von hier auf dem Aufstiegsweg oder Weg 410 (Forststraße, beginnend am Nordfuß des Col Drusciè-Hügels), vorbei am Lago Ghedina, zurück nach Cortina.

25 **Höhenwanderung:** Entlang dem Südfuß der Tofana di Rozes

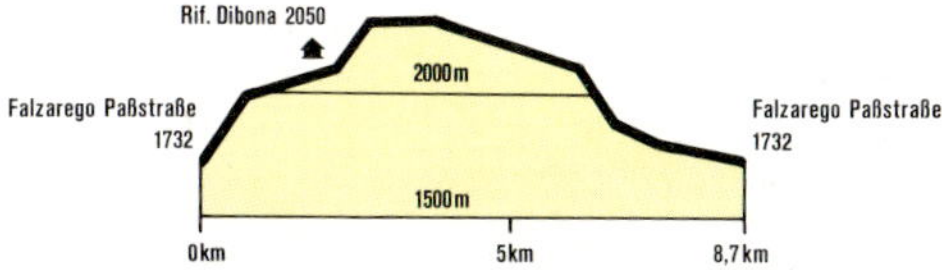

Ausgangspunkt: Cortina d'Ampezzo
Parken: Falzarego-Paßstraße, Nähe Abzw. Rif. Cinque Torri
Höhenunterschied: 700 m

Wanderzeit: 5 Std.
Schwierigkeitsgrad: mittel!
Einkehr: Rif. Dibona

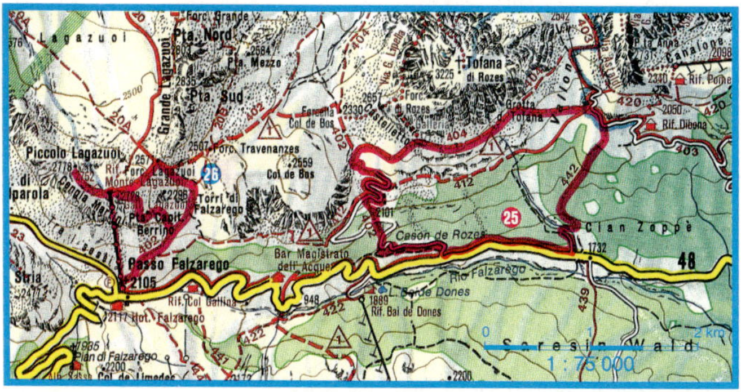

Tourenverlauf: Mit dem KFZ von Cortina hinauf Richtung Falzaregopaß. Einige Kilometer nachdem wir die Passo Giau-Abzweigung passieren, zweigt links die asphaltierte Straße zu den Cinque Torri ab. Hier oder ein kurzes Stück die Paßstraße aufwärts Parkmöglichkeit. Ein kurzes Stück die Paßstraße bergwärts weiter finden wir rechts einen Wegweiser zur Dibona-Hütte (Markierung 442). Diesem Weg folgend zuerst mäßig, dann ziemlich steil in Kehren hinauf. Bald stoßen wir im oberen Bereich auf einen breiteren Wanderweg; unweit davon wird das Rif. Dibona erreicht. Von hier nun auf den Weg 403, wo uns der Wegweiser zum Rif. Giussani weist. Bei einer Abzweigung verlassen wir jedoch diesen Steig nach links und folgen dem Weg Nr. 404 Richtung Westen. Ohne große Höhenunterschiede führt der Steig am Fuß der Südwand der Tofana di Rozes entlang. Wir passieren die Abzweiger zur Grotta di Tofana (kurzer, gesicherter Abzweiger) und später den Beginn eines Klettersteiges, bis wir am Fuß des Castelletto auf eine weitere Gabelung stoßen. Rechts hinauf führt ein lohnender Abstecher zur Forc. Col de Bos, welche schöne Aussicht ins wilde Travenanzestal gewährt, einem ebenfalls im Ersten Weltkrieg heftig umkämpften Frontabschnitt. Von diesem Punkt aus nun wieder zurück nach Süden und immer auf Weg 402 talwärts; wir erreichen einen Karrenweg, der uns in teilweise aussichtsreicher Wanderung wieder hinab zur Falzarego-Paßstraße führt. Diese ca. 20 Min. entlang talwärts zu unserem Ausgangspunkt.

26 **Bergwanderung:** Passo Falzarego – Kleiner Lagazuoi, 2.778 m – (Lagazuoi-Stollenanlage)

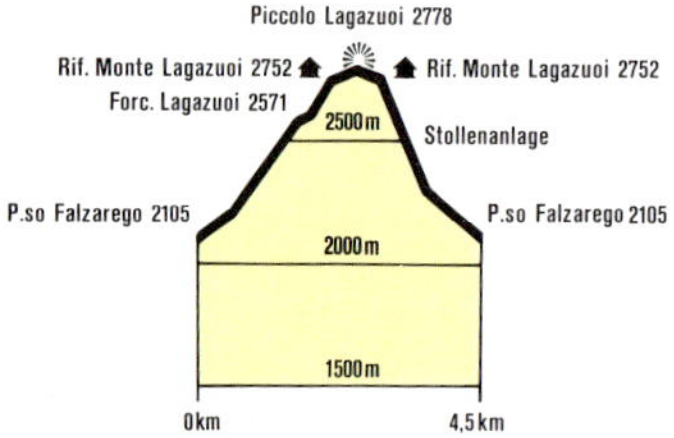

Ausgangspunkt: P.so Falzarego
Parken: Parkplatz auf der Paßhöhe
Höhenunterschied: 670 m
Wanderzeit: 2 Std. Aufstieg bis zum Gipfel, mit Stollenbegehung Gesamtwanderzeit 4 Std.
Schwierigkeitsgrad: bis zum Gipfel leicht! Stollendurchquerung nur für Trittsichere! Taschenlampe erforderlich!
Einkehr: Rif. Monte Lagazuoi
Karte: siehe Seite 69

Tourenverlauf: Von der an der Nordseite des Passes beginnenden Schotterstraße an erreichen wir in unschwerem Anstieg um die Ostflanke des Lagazuois herum die Forc. Lagazuoi. Auf einem Karweg gelangen wir in kurzer Zeit zum Rif. Monte Lagazuoi und von hier auf gut gesichertem, nur mehr wenige Höhenmeter überwindenden Steig hinauf zum Gipfel des Kleinen Lagazuoi, der uns umfassende Rundsicht bietet. Von hier nun wieder zurück zum Rif. Monte Lagazuoi. Nach Rast und Einkehr kann man sich hier entweder zur Talfahrt mit der Lagazuoi-Seilbahn oder zum Rückweg über die interessante Stollenanlage aus dem Ersten Weltkrieg entschließen. Ratsam wäre vorher eine Erkundigung im Rif. Monte Lagazuoi über den Stollenzustand; bei starker Eisbildung im Stolleninneren kann ein Begehen gefährlich sein! Ist die Begehung möglich, beginnt der Einstieg in den Stollen ca. 10 Min. von der Bergstation entfernt und führt in abenteuerlichem Abstieg mit einigen aussichtsreichen Luken ca. 45 Min. talwärts. Nach Verlassen des Stollens über eine Steilstufe talwärts und auf dem bald erreichten Aufstiegsweg zurück zum Ausgangspunkt.

Passo Falzarego mit Kl. Lagazuoi, 2.778 m

27 **Bergwanderung:** Passo di Valparola – Sasso di Stria/Hexenstein, 2.477 m

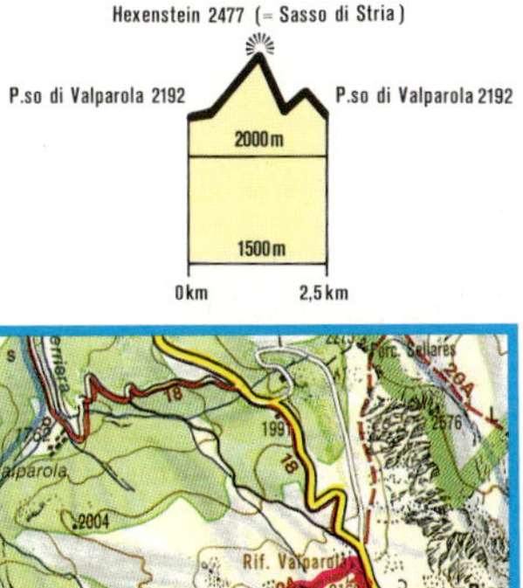

Ausgangspunkt: P.so di Valparola
Parken: Parkplatz beim Rif. Valparola
Höhenunterschied: ca. 300 m
Wanderzeit: 1¼ Std. (Aufstieg)
Schwierigkeitsgrad: mittel!
Einkehr: Rif. Valparola

Tourenverlauf: Von der Valparola-Paßhöhe Richtung Süden entlang der Straße ein Stück hinauf zum höchsten Punkt der Paßstraße mit den Ruinen des alten österreichischen Sperrforts »Tra i Sassi«. Rechter Hand am Weg im Talbecken der dunkelgrüne Lago di Valparola. Ein Stück hinter der Befestigungsruine zweigt rechts der beschilderte Weg auf den Hexenstein ab. Über den felsigen Nordwestrücken steigen wir nun auf gut markiertem Weg bergan. Mit zunehmender Höhe wird uns die Bedeutung dieses im Ersten Weltkrieg als wichtiger strategischer Punkt angesehenen, heftig umkämpften Berges bewußt. An verfallenen Gräben und Unterständen vorbei erreichen wir ein kurzes Kletterstück. Über ein Leiterstück erreichen wir den zerklüfteten Gipfelfelsen mit prächtiger Aussicht, vor allem zur Marmolada und hinunter zur Dolomitenstraße. Wie durch den Kleinen Lagazuoi führt auch durch den Hexenstein ein alter Kriegsstollen (separate Tour nur für Geübte! Erkundigungen im Rif. Valparola!). Abstiegsweg vom Hexenstein wie Aufstiegsweg.

28 **Bergwanderung:** Pieve di Livinallongo/Buchenstein – Col di Lana, 2.462 m

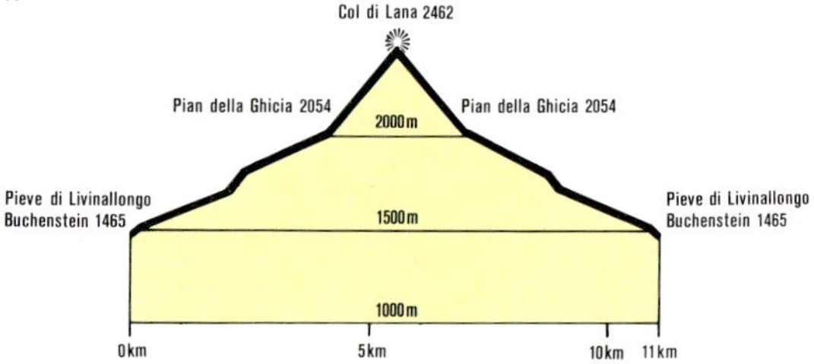

Ausgangspunkt: Pieve di Livinallongo
Parken: Parkplatz bei Ortseinfahrtskurve
Höhenunterschied: 1.000 m

Wanderzeit: 3½ Std.
Schwierigkeitsgrad: leicht!

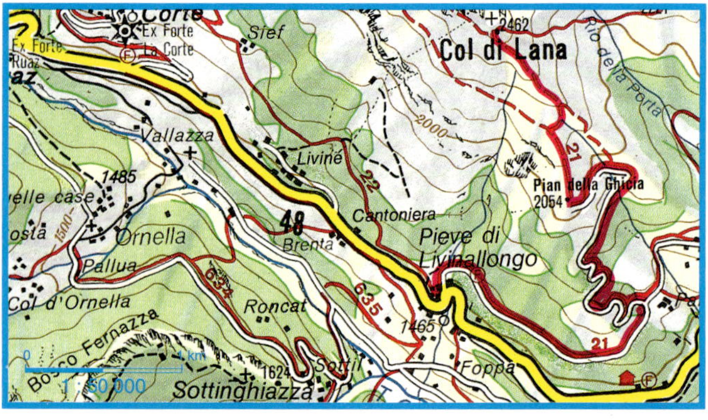

Tourenverlauf: Diese Route führt sowohl zu einem der bekanntesten Aussichtspunkte in den Dolomiten als auch zu einem Gipfel, der im Ersten Weltkrieg traurige Geschichte geschrieben hat. Höhepunkt der Kampfhandlungen war eine Gipfelsprengung, an welche die Kapelle unter dem Gipfel erinnert. Der Weg zum Col di Lana beginnt in Buchenstein (markante Kurve in der östlichen Ortseinfahrt) und führt zuerst als Fahrweg nach Osten bis knapp über den Weiler Palla und von hier in zahlreichen Serpentinen in etwa 1.950 m Höhe. Kurz vor dem Pian della Ghicia endet die alte Kriegsstraße und führt als schmälerer Saumweg den Südhang des Col di Lana hinauf; zwischenzeitlich bereits herrliche Aussicht! Unschwer wird auf gutem, kurzzeitig auch steilerem Wegabschnitt der Gipfel mit dem noch deutlich sichtbaren Minentrichter erreicht, wo sich knapp daneben die eingangs erwähnte Kapelle befindet. Traumhafte Ausblicke vor allem nach Süden ins Cordevoletal und zur Marmolada, aber auch auf die in allen anderen Himmelsrichtungen befindlichen Dolomitengruppen. Über den Nordkamm zur S.lla di Sief und weiter über Castello kann diese Tour zu einer großartigen Rundtour für konditionsstarke und geübte Geher erweitert werden. Ansonsten Abstieg wie Aufstiegsweg.

29 **Rundwanderung:** Rif. Valparola – S.lla di Sief, 2.434 m – Rif. Pralongià – Valparola

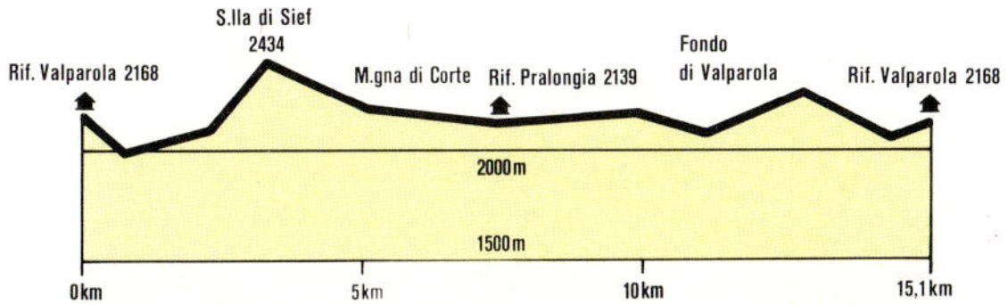

Ausgangspunkt: P.so Valparola
Parken: beim Rif. Valparola
Höhenunterschied: 150 m
Wanderzeit: 5 Std.

Schwierigkeitsgrad: leicht!
Einkehr: Rif. Pralongià, Rif. Valparola
Karte: siehe Seite 71

Tourenverlauf: Gleich hinter der Schutzhütte am Valparolapaß ist unser Ausgangspunkt für diese Höhenwanderung; vorerst führt der Weg vorbei an der Nordseite des kleinen Valparolasees. Über Almsteige folgen wir der Markierung 23 Richtung Westen, zu rechter Hand erhebt sich der Monte Castello. Zuerst leicht abwärts, später stärker ansteigend hinauf zum Siefsattel, wo wir uns zu einer kurzen Rast aufhalten können. Hier Wegteilung. Links würde der Weg über den Nordrücken zum Col di Lana-Gipfel führen (vgl. Beschreibung der Bergwanderung 28); wir halten uns rechts und wandern durch die M.gna d. Corte nun wieder einige Passagen abwärts und zu einem weiteren Almrücken, von dem aus wir in knapp 20 Min. weiter westwärts zum Rif. Pralongià gelangen. Dominierte auf dem Weg hierhin der Blick zur Marmolada und zur Civetta, so liegen nun besonders Sella-, Geisler- und Kreuzkofelgruppe in unserem Blickfeld gegen Norden. Dort haben wir uns eine Rast und Einkehr verdient; anschließend geht es wieder ein Stück zurück zum Westausläufer des Settsass (welchen wir bei dieser Tour gleichzeitig umrunden!) und von hier nun links ab in den Steig Nr. 24 über geringe Höhenunterschiede zu einem Nordausläufer des Settsass. Nun wandern wir am Nordfuß des langgezogenen Felsmassivs Richtung Osten durch den schönen Fondo di Valparola. Teils eben bis abwärts führt uns dieser Steig über felsübersätes, teilweise auch grünes Gelände zurück zum Rif. Valparola, dem Ausgangspunkt für diese herrliche Rundwanderung.

30 **Bergtour:** Kollfuschg – Sassongher, 2.665 m

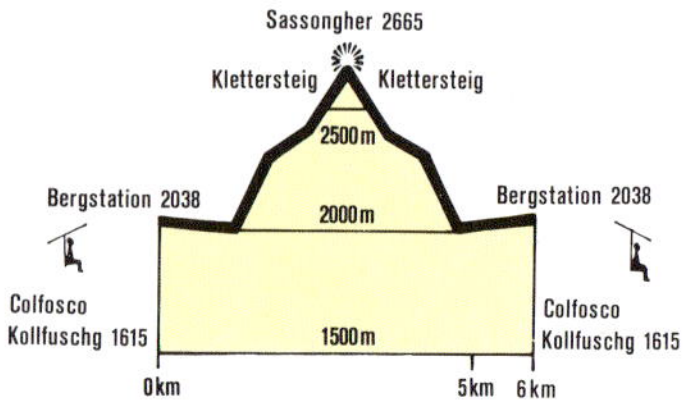

Ausgangspunkt: Kollfuschg/Colfosco
Parken: Talstation Sessellift zum Col Pradat
Höhenunterschied: 1.050 m
Wanderzeit: mit Sesselliftbenützung Aufstieg 2½ Std.

Schwierigkeitsgrad: mittel! Im obersten Bereich Trittsicherheit und Schwindelfreiheit erforderlich!
Einkehr: Edelweißhütte

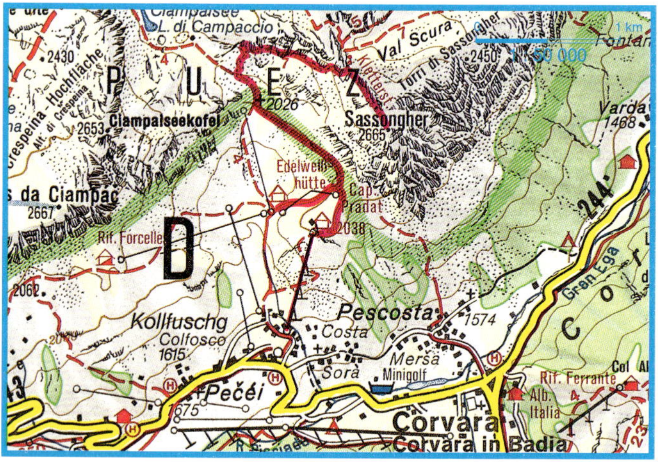

Tourenverlauf: Sofern diese Tour in den Sommermonaten stattfindet, kann der Aufstieg mittels Sessellift verkürzt werden. Ansonsten würde man für die Höhe, die per Sessellift überwunden wird, ca. 45 Min. mehr Aufstiegszeit rechnen müssen. Von der Sesselliftbergstation in nördlicher Richtung weiter (unweit der Bergstation ebenfalls saisonbedingte Einkehrmöglichkeit), bis wir nahe eines Bildstockes auf den Weg 4 stoßen, der von Kollfuschg heraufführt. Wir verlassen jedoch beim folgenden Abzweiger den Weg 4 und halten uns von nun an an die Markierung 7. Dieser Steig führt in einem langgezogenen Rechtsbogen steil hinauf in die Sassongher-Scharte. Hier lassen wir den Weg 7 hinter uns und folgen markierten Steigspuren in südlicher Richtung, wo wir bald auf die ersten Drahtseilsicherungen stoßen, welche uns über die ersten Steilstufen führen. In aussichtsreicher, aber nicht ausgesprochen anstrengender Kletterei wird der letzte Abschnitt bis zum Gipfelkreuz überwunden. Man genießt einen wahrlich großartigen Tiefblick ins Talbecken von Corvara, genauso schön aber auch die Ausblicke in die Sellagruppe und nach Norden in die Puez-Geislergruppe, zu deren südlichstem Gipfel unser erreichtes Ziel zählt. Beim Abstieg ist besonders in den Sommermonaten auf entgegenkommende Bergwanderer in den gesicherten Passagen zu achten (Steinschlaggefahr!). Dieser Gipfel zählt nicht umsonst zu den beliebtesten Touren im Gadertal. Am Abstieg Einkehrmöglichkeit mit kleinem Umweg zur Edelweißhütte.

31 **Rundwanderung:** Kollfuschg – Kollfuschger Höhenweg – Grödner Joch – Kollfuschg

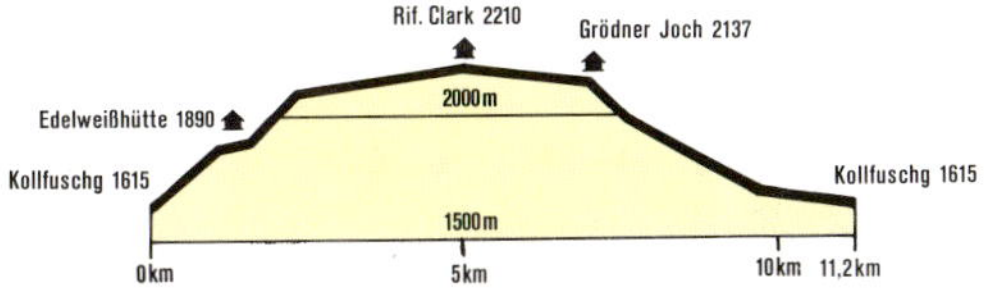

Ausgangspunkt: Kollfuschg
Parken: bei der Kirche
Höhenunterschied: 520 m

Wanderzeit: 4½ Std.
Schwierigkeitsgrad: leicht!
Einkehr: Edelweißhütte, am Grödner Joch

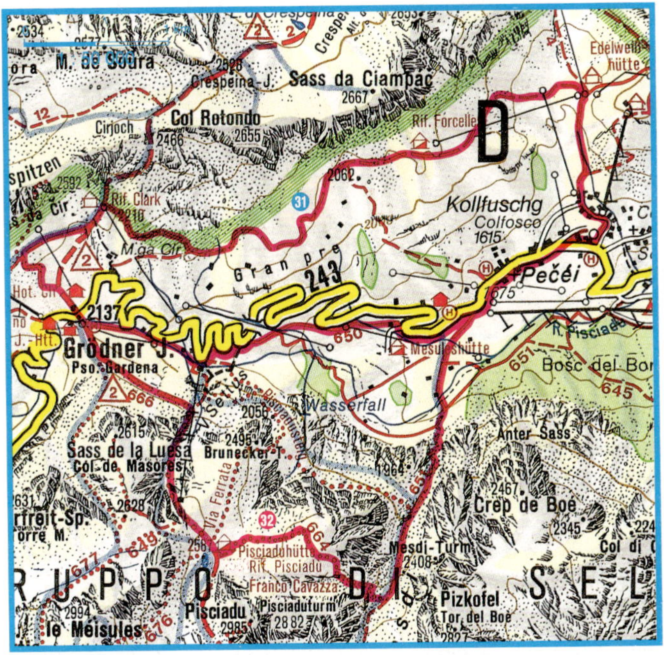

Tourenverlauf: Hier handelt es sich um eine Tour, die für jedermann ohne größere Schwierigkeiten eine Schau auf die gewaltige Nordseite des Sellastockes ermöglicht. Von der Kirche in Kollfuschg wandern wir nordseitig auf gut markiertem Weg Nr. 4 ins Edelweißtal und hinauf zur Edelweißhütte. Nachdem wir hier den größten Teil des Höhenunterschiedes bereits überwunden haben, wenden wir uns nach Westen und gelangen über einen mittelmäßig steilen Weg, der von Schlepplift und Skipiste begleitet wird, hinauf zum Rif. Forcelles, das jedoch nur im Winter bewirtschaftet wird. Nun in äußerst abwechslungsreicher Wanderung, ohne große Höhenunterschiede, immer westwärts am Fuß von Sass da Ciampac und Col Rotondo entlang. Über Wiesensteige, teils auch durch lichten Zirbenbestand und kurzzeitig auch über Schrofengelände erreichen wir bei der Malga Cir die Grödner-Joch-Straße und über ein kleines Stück Weiterweg das Grödner Joch, einen besonders in den Spätsommer- und Herbstmonaten stärker frequentierten Dolomitenpaß. Von der Paßhöhe nun ostwärts auf Weg 650, der die vielen Kehren der Paßstraße abkürzt, wieder zurück nach Kollfuschg. Sollte gerade eine Busverbindung nach Kollfuschg bestehen, kann der Abstieg auch um eine gute Stunde verkürzt werden.

32 **Wanderung:** Kollfuschg – Pisciadúhütte, 2.587 m – Grödner Joch

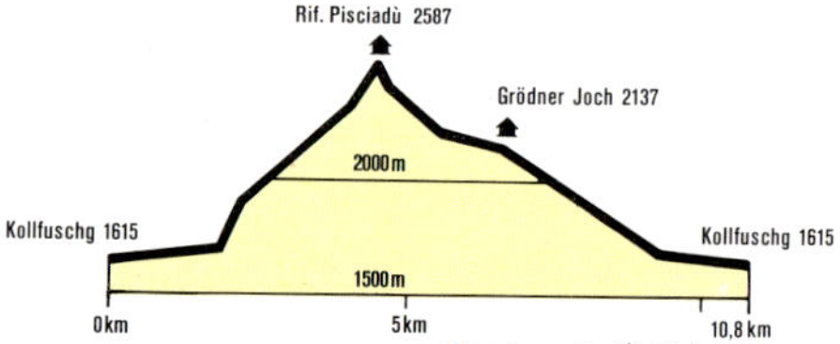

Ausgangspunkt: Kollfuschg
Parken: Grödner-Joch-Straße, am westlichen Ortsende
Höhenunterschied: ca. 1.000 m

Wanderzeit: 4½ Std.
Schwierigkeitsgrad: mittel! An einigen Stellen Trittsicherheit erforderlich!
Einkehr: Pisciadúhütte, am Grödner Joch
Karte: siehe Seite 75

Tourenverlauf: Zuerst ein Stück der Grödner-Joch-Straße entlang bergwärts. Bald zweigt links von der Straße ein Wanderweg ab, der unverkennbar ins imposant wirkende Val di Mesdi abzweigt. Wir überqueren den Pisciadúbach und wandern bald auf dem ebenfalls von Kollfuschg kommenden Weg 651. Zuerst etwas steiler, dann nach einer sanfteren Hangquerung gelangen wir ins Val di Mesdi, wo wir dem Steig bis zur Abzweigung der Markierung 664 folgen. Bizarr ragen links und rechts des Tales Felsen der Sellagruppe empor. Nun rechts dem genannten Steig 664 folgend und auf teilweise mit Drahtseilen gesichertem Steig hinauf zum Hochplateau von Pisciadú. Auf leichterem Weg erreichen wir die Hütte, die an einem ganz kleinen See gelegen ist. Nach erholsamer Rast halten wir uns an die Markierung 666; der Weg beginnt von der Hütte aus Richtung Nordwesten. Zuerst leicht aufwärts, dann auf dem für die ganze Sellagruppe markanten Geröllband zu Seilsicherungen, an denen wir vorsichtig (vor allem bei stärkerer Frequenz des Weges in der uns entgegengesetzten Richtung) abwärts steigen. Weiter in Kehren hinab zum Talausgang; wie Mauern ragen am Talausgang die Felswände empor. Über Geröllhänge und Wiesen, danach noch ein Stück westwärts hinauf zum Grödner Joch, von wo aus, wie bei Tour Nr. 31, der Rückweg nach Kollfuschg angetreten werden kann.

Rifugio Pisciadù, 2.587 m

33 **Bergtour:** Corvara – Piz Boé, 3.152 m

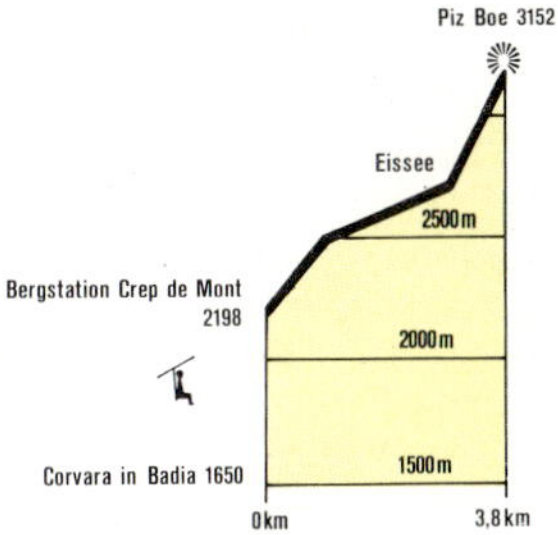

Ausgangspunkt: Corvara
Parken: Talstation bei der Seilbahn
Höhenunterschied: ca. 1.600 m (inkl. Seilbahnfahrt)
Wanderzeit: Aufstieg mit Seilbahnbenützung ca. 5 Std.
Schwierigkeitsgrad: mittel!
Einkehr: Seilbahnbergstation

Tourenverlauf: Mit der Seilbahn bequem hinauf zum Crep de Mont. Hinter einer kleinen Hütte südlich der Bergstation beginnt ein Steig Richtung Westen entlang des Sesselliftes; auf diesem Steig gelangen wir ziemlich unschwer zum felsumrandeten Boésee. Weiter nach Steigspuren parallel zum Sessellift hinauf, bis wir zu den Ruinen der Vallonhütte gelangen. Wir orientieren uns nun vor allem an der Nr. 638, passieren in südlicher Richtung die Abzweigung nach Arabba und folgen weiter unserem Weg, der über Geröll stärker ansteigt. Schließlich durch eine steile Geröllrinne hinauf zu einer Terrasse. Von hier weiter nach Südwesten (im Norden der kleine Eissee) und über Felsplatten und Geröll zur östlichen Gipfelflanke. Relativ leicht wird diese überwunden, und wir befinden uns bald am Gipfel eines der Dreitausender der Dolomiten. Da dieser Gipfel zu den am leichtesten erreichbaren Dreitausendern der Dolomiten zählt, kann geschehen, daß die Gipfelfläche vor allem in der Hochsaison mit Wanderern »besetzt«

Piz Boè, 3.152 m

ist. Zahlreiche Abstiegsmöglichkeiten; die leichteste über die Pordoischarte zur Seilbahn und zum Pordoijoch, zur Boé- und Pisciadúhütte oder auf dem Aufstiegsweg mit Variante zum Campolungopaß.

Wanderungen und Bergtouren in den westlichen Ampezzaner Dolomiten, im Gebiet des Monte Pelmo und in der Civettagruppe

34 **Rundwanderung:** Cortina d'Ampezzo – Lago Federa, 2.046 m – Cortina d'Ampezzo

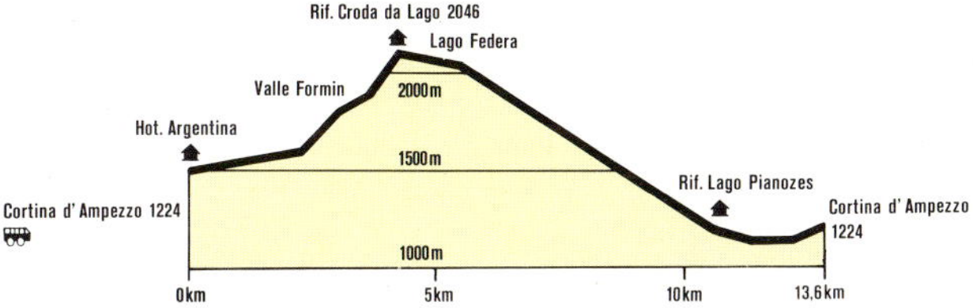

Ausgangspunkt: Cortina d'Ampezzo
Parken: Busbahnhof
Höhenunterschied: ca. 1.000 m

Wanderzeit: 5 Std.
Schwierigkeitsgrad: leicht!
Einkehr: Rif. Croda da Lago

Tourenverlauf: Mit dem Bus von Cortina Richtung Falzarego-Paß. Beim Hotel Argentina verlassen wir den Bus und wandern ein Stück der Paßstraße entlang aufwärts und biegen dann links in die P.so Giau-Straße ab, der wir ca. 25 Min. lang folgen. In einer Senke biegt nach links ein Fahrweg mit der beschilderten Markierung 434 ab. Diesem folgend passieren wir eine Schranke und halten uns stets bergwärts. Im oberen Bereich wird die Forststraße teilweise ziemlich steil und geht allmählich in einen Almsteig über, bis wir eine Hütte erreichen, die in einer von Lärchen umrahmten Lichtung steht. Hier sehr schöner Blick zurück zur Tofana di Mezzo. Wenige Meter aufwärts mündet der aus dem Valle Formin von rechts kommende Dolomitenhöhenweg Nr. 1 ein. Nun über kuppiertes Gelände und später in vielen Kehren zur Nordschulter des Croda da Lago und dann weiter nach Süden auf leichtem Weg zum herrlich gelegenen Lago Federa, an dessen Ufern sich auch eine kurze Umrundung lohnt. Nach gemütlicher Rast und Einkehr in der Schutzhütte am See nun Rückweg auf einer Forststraße, die südlich der Hütte beginnt und die Markierung 457; später die Markierungen 432 und 428 trägt. Durch Wald und immer fortlaufend abwärts gelangen wir beim Hotel Tiziano nach Cortina und auf Weg 425 zum Busbahnhof.

35 **Rundwanderung:** Um die Croda da Lago

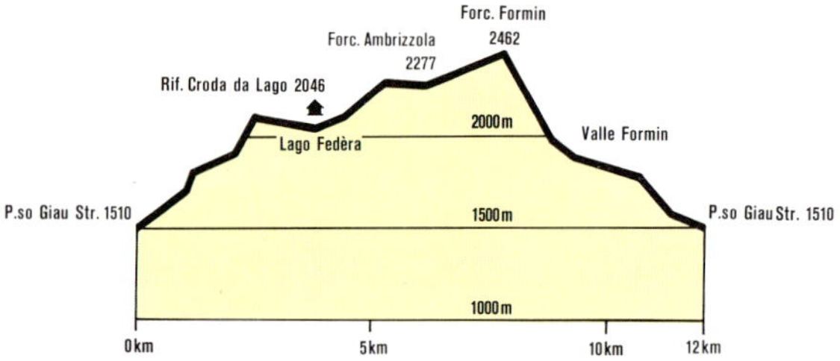

Ausgangspunkt: P.so Giau-Straße
Parken: bei Abzw. des WW 434
Höhenunterschied: ca. 850 m

Wanderzeit: 5 Std.
Schwierigkeitsgrad: mittel!
Einkehr: Rif. Croda da Lago

Tourenverlauf: Diese Tour kann als reizvolle Variante zu Tour Nr. 34 betrachtet werden. Allerdings wird durch Überwinden eines noch größeren Höhenunterschiedes vom Wanderer ein größeres Maß an Gehtüchtigkeit abverlangt als bei vorhergehender Tour. Ab dem Abzweiger bei der Passo-Giau-Straße wie bei Tour Nr. 34 hinauf zum Lago Federa. Von der Schutzhütte aus nach Südwesten über den Abfluß des Lago Federa und nun auf komfortablem Weg mit der Markierung 434 über Almwiesen, die zeitweise von Geröllhalden unterbrochen werden, hinauf zur Forc. Ambrizzola, 2.277 m. Hier bietet sich nun Richtung Norden ein recht schöner Blick Richtung Lago Federa und das zerklüftete Massiv des Croda da Lago. Wir folgen der Markierung 435 nach rechts und dann weiter in nördlicher Richtung ziemlich steil ansteigend zum höchsten Punkt dieser Tour, der 2.462 m hoch gelegenen Forc. Formin. Nun über Geröll in ziemlich gleichmäßigem Gefälle hinab ins obere Valle Formin. Im unteren Talbereich auf schönem Abstiegsweg nun zwischen schütterem Lärchen- und Zirbenbe-

stand hindurch, dann kurz nach rechts hinauf zu einer Kuppe, wo wir bei der kleinen Lichtung mit der Hütte wieder auf unseren Aufstiegsweg stoßen, auf dem wir talwärts wieder unseren Ausgangspunkt erreichen.

36 **Rundwanderung:** Rif. Cinque Torri – Rif. Scoiattoli – Rif. Averau, 2.416 m – Passo Falzarego – Rif. Cinque Torri

Ausgangspunkt: Rif. Cinque Torri
Parken: bei der Hütte bzw. an der Zufahrtsstraße
Höhenunterschied: 550 m
Wanderzeit: 4½ Std.
Schwierigkeitsgrad: leicht!
Einkehr: zahlreiche Schutzhütten, je nach Saison

Tourenverlauf: Mit dem PKW auf gut asphaltierter, jedoch schmaler Straße hinauf zur gleichnamigen Schutzhütte bei den Cinque Torri. Gleich hinter der Hütte beginnt ein bequemer Schotterweg Richtung Westen; lohnend ist jedoch auch ein wegloser Anstieg zum Fuß des Torre Grande, um diesen einmal zu umrunden, vor allem, weil man meist einigen Seilschaften beim Bezwingen dieses eigenartigen Felsgebildes zusehen kann. Von der Westseite des Torre Grande nur wenige Minuten hinüber zum Rif. Scoiattoli und auch unser nächstes Ziel, die Schutzhütte Averau, ist bereits im Südwesten in unserem Blickfeld und auf leichtem Weg bald erreicht. Hier blicken wir nun in die Westseite des Passo Giau-Gebietes. Wir wenden uns jetzt jedoch nach Norden und wandern am

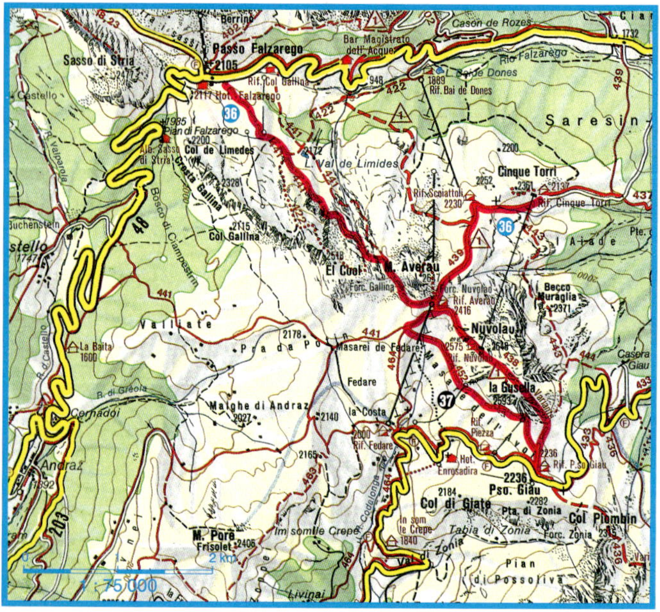

Dolomitenhöhenweg Nr. 1 direkt an den Südwestwänden des M. Averau vorbei hinauf zur 2.435 m hoch gelegenen Forc. Gallina, dem höchsten Punkt dieser Wanderung. Hier nun zuerst flach, dann durch eine steilere Rinne abwärts, zuletzt auf einem komfortablen Wiesenweg hinab zum P.so Falzarego. Entlang der Paßstraße Richtung Osten gelangen wir talwärts bis zum Sessellift »Cinque Torri«, mit dem wir zum Rif. Scoiattoli und von hier in wenigen Minuten wieder zu unserem Ausgangspunkt gelangen.

37 **Klettertour:** Passo Giau – Rif. Nuvolau, 2.575 m – Forc. Nuvolau – Passo Giau

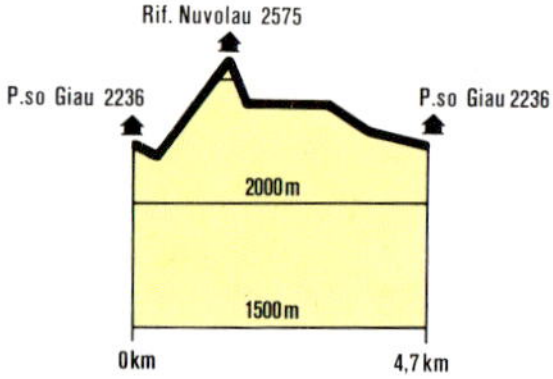

Ausgangspunkt: P.so Giau
Parken: beim Rif. Passo Giau
Höhenunterschied: ca. 400 m
Wanderzeit: 3½ Std.
Schwierigkeitsgrad: schwer! Nur für Geübte!
Einkehr: Rif. Nuvolau, Rif. Averau, Rif. P.so Giau
Karte: siehe Seite 84

Tourenverlauf: Wie ein Adlerhorst thront vom P.so Giau aus gesehen das Rif. Nuvolau am Felskamm. Es gibt zwar von der Nordseite den wesentlich einfacheren Anstieg zu dieser Hütte (kann mühelos an Tour Nr. 36 angehängt werden), für den etwas geübteren und trittsicheren Bergwanderer mag die Südvariante dagegen wesentlich reizvoller erscheinen. Diese beginnt von der Paßhöhe Richtung Norden auf begrastem Almsteig; vor uns die schroff aufragende Spitze der Gusella. Um dieses Hauptmassiv rechts herum und dann links hinauf, wo bei einer Steilrinne der gesicherte Weg beginnt. Nun steil über diesen hinauf. Etwas leichter im oberen Bereich bringt uns der gesicherte Weg durch die Gusella-Südostflanke, bis wir am Südgrat des Nuvolau den nächsten Wegabschnitt erreichen. Nur mehr kurz ist hier das letzte Stück, und schon stehen wir vor der Nuvolau-Hütte, von wo wir den herrlichen Tiefblick auf den Bereich des P.so Giau genießen. Auf dem leichteren Nordabstieg hinab zur Forc. Nuvolau. Hier ein Stück Abstieg nach links, parallel zum oberen Bereich der Sessellift-Trasse, dann scharf nach Südosten wendend auf den Steig Nr. 452, welcher in den Geröllrinnen der Nuvolau-Westwände in nur sehr geringem Höhenunterschied wieder zurück zum Passo Giau führt.

38 **Wanderung:** San Vito di Cadore – Col d. Pausa, 1.236 m – San Vito di Cadore

Ausgangspunkt: San Vito di Cadore
Parken: Zentrum, an der Ortsdurchfahrtsstraße
Höhenunterschied: ca. 250 m
Wanderzeit: 2½ Std.
Schwierigkeitsgrad: leicht!
Einkehr: Rif. Alpe di Senes, Rif. Larin

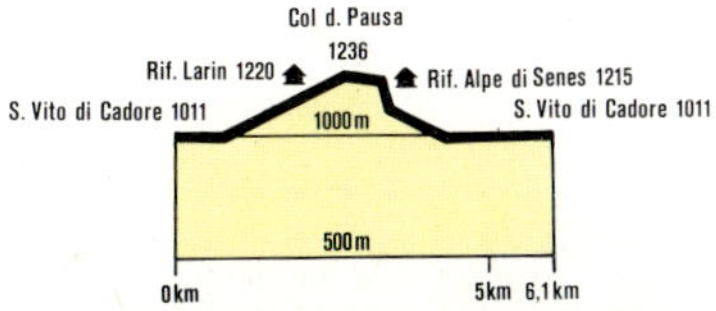

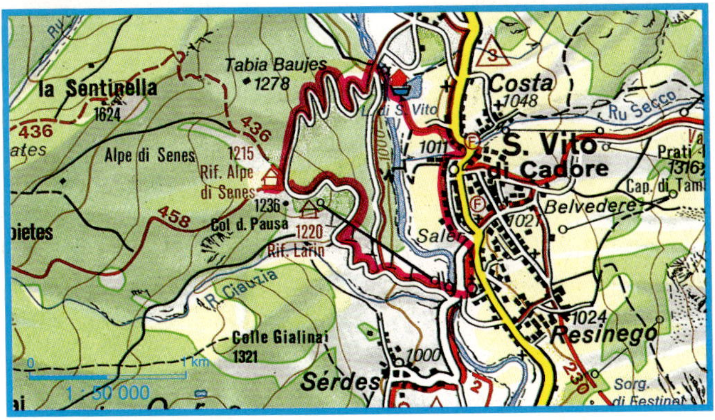

Tourenverlauf: Diese Tour beginnt in San Vito an der Strada Alemagna vom Zentrum aus Richtung Norden, bis wir beim Schild »Pedonale a Lago di San Vito« linker Hand die Straße verlassen. Durch Wald wandern wir hinunter zum kleinen See, dann ein Stück weiter zum rauschenden Boite-Fluß, diesem entlang und ein Stück aufwärts zu einer Brücke bei einem Sägewerk, wo wir den Bach überqueren und uns geradeaus an die nun ansteigende Schotterstraße halten. In vielen Kehren wandern wir bergwärts, bis wir auf einer bewaldeten Hochfläche ankommen. Hier links weiter durch den sich lichtenden Wald. Bald gelangen wir zu einer Abzweigung, wo wenige Meter rechts das Rif. Alpe di Senes liegt, umgeben von einer herrlichen Wald- und Wiesenlandschaft. Wenige Minuten auf dem fast ebenen Schotterweg Richtung Süden gelangen wir zum herrlich gelegenen Rif. Larin, wo das Blickfeld nach Südwesten vor allem vom gewaltigen Pelmo-Massiv dominiert wird. Nun wendet sich das Sträßchen wieder nach Osten in den Wald und bald wieder talwärts, wo wir nach einigen Kurven auf einen asphaltierten Wegabschnitt stoßen. In gemütlichem Abstieg wandern wir talwärts in eine Senke (Sessellift-Talstation) und dann kurz hinauf zur Strada Alemagna am südlichen Ortsende von San Vito. In Richtung Norden gelangen wir wieder zu unserem Ausgangspunkt.

39 **Rundwanderung:** Rund um den Corvo Alto

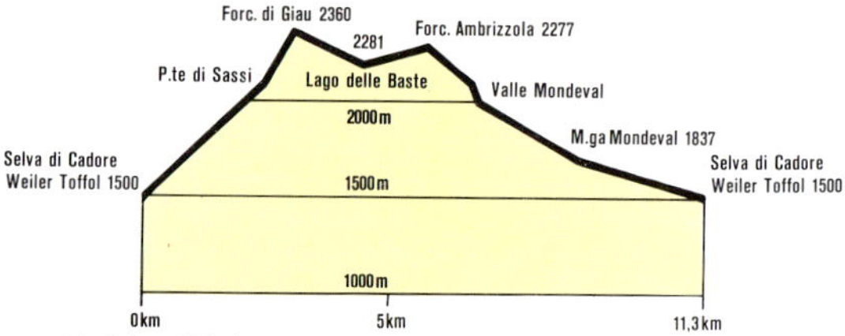

Ausgangspunkt: Selva di Cadore
Parken: Weiler Toffol, östl. des Ortes
Höhenunterschied: ca. 900 m

Wanderzeit: 5 Std.
Schwierigkeitsgrad: mittel!

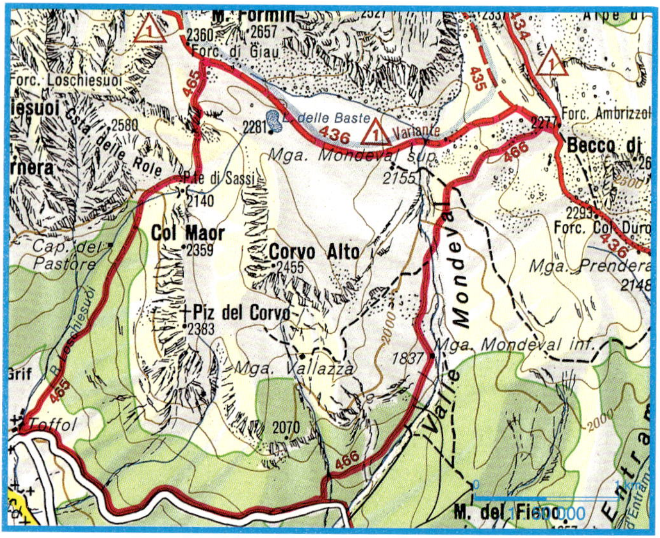

Tourenverlauf: Für so manchen mag in den Dolomiten eine Tour ohne »Massenbegleitung« der Wunsch sein. Allerdings muß er dafür meist Touren ohne direkte Einkehrmöglichkeit oder sonstige touristische Stützpunkte an der Strecke auswählen. Dies trifft bei dieser Tour zwar zu, trotzdem vermittelt sie ein schönes Bergerlebnis und entschädigt für die Aufstiegsstrapazen. Sie beginnt zwischen den Häusern von Toffol an der deutlich erkennbaren Markierung »465«, welche am Ende einer steilen, asphaltierten Hauszufahrt als steiler Pfad bergwärts führt. Zuerst östlich des Loschiesuoi-Baches, dann etwas abseits gelangen wir auf meist ziemlich steilem Weg im Talschluß zur Waldgrenze und danach auf immer flacher werdendem Grassteig zum Dolomitenhöhenweg 1, auf dem wir nach links zur Forc. di Giau, 2.360 m, hinüberwandern können, die uns einen schönen Ausblick auf das Gebiet der Tofanen gewährt. Nun auf dem schönen Höhenweg in südöstlicher Richtung ziemlich eben bis abwärts dahin, vorbei am kleinen Lago delle Baste hinüber zur aussichtsreichen Forc. Ambrizzola, 2.277 m. Hier nun schöner Blick in alle Richtungen, vor allem zum nordseitig gelegenen Lago Federa (welcher über einen leichten Weg zu erreichen wäre), großartig jedoch der Blick nach Süden zum Pelmo mit seinem im Herbst fast ausgeaperten Gletscher. Wir steigen auf Weg 466 ins Valle Mondeval nach Südwesten ab. Auf diesem Weg nun in wechselnder Steilheit und im letzten Teil auf einem Waldsteig hinunter zu einer Forststraße. Auf dieser (im späteren Verlauf asphaltiert), eine Schranke passierend, zurück zu unserem Ausgangspunkt Toffol.

40 **Rundwanderung:** Rund um den Monte Pelmo

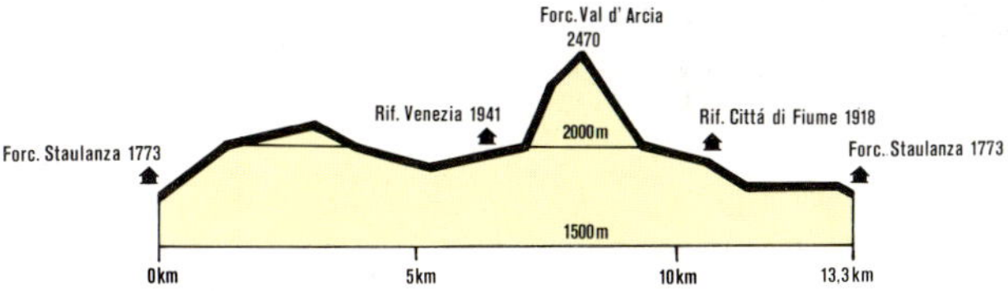

Ausgangspunkt: Forcella Staulanza
Parken: an der Paßhöhe
Höhenunterschied: 700 m
Wanderzeit: 7½ Std.

Schwierigkeitsgrad: bis Rif. Venezia leicht, Übergang über die Forc. Val d'Arcia schwer! Nur für Geübte!
Einkehr: Rif. Venezia, Rif. Cittá di Fiume, Rif. P.so Staulanza

Tourenverlauf: Diese Umrundung ist so eindrucksvoll, daß sie weniger Geübten auch als Streckenwanderung bis zu den Schutzhütten Venezia bzw. Cittá di Fiume empfohlen werden kann. Die hier vorgeschlagene Umrundung beginnt auf dem an der Staulanzapaß-Ostseite sichtbaren Waldsteig, der uns hinauf zum Rundweg mit der Markierung 472 führt. Nach der Beschilderung »Rif. Venezia« in Richtung Süden, dann am Südwestfuß entlang, immer der Markierung 472 folgend und ohne große Höhenunterschiede weiter. In gut 2 Stunden ist die Südseite des Pelmo passiert und das Rif. Venezia erreicht. Nordwärts, auf dem schwierigsten Streckenabschnitt mit teilweise drahtseilgesichertem Steig Nr. 480, zumeist jedoch über Geröll, am Ende in Serpentinen steil hinauf zur Forc. Val d'Arcia,

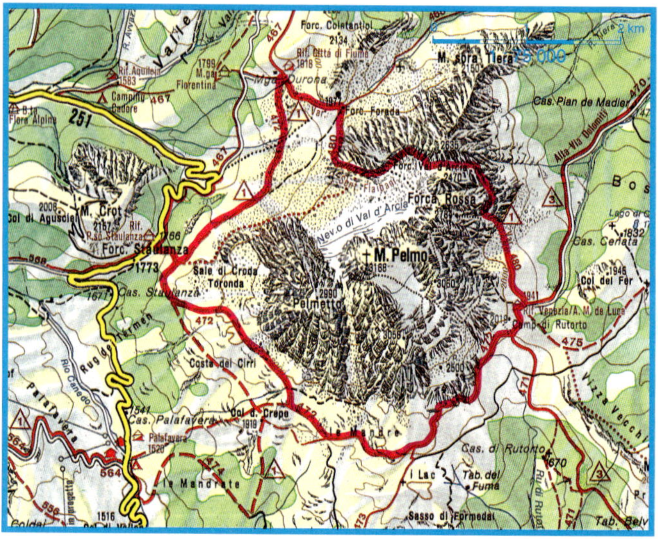

2.470 m. Nun nach Westen talwärts und am Rand des kleinen Gletschers hinab (im Frühsommer bisweilen größere Schneefelder!). Dann nach Norden wieder etwas aufwärts zur Forc. Forada und auf gutem Weg zum Rif. Cittá di Fiume. Nach wohlverdienter Rast und Einkehr auf Steig Nr. 472 ziemlich eben durch Wald und über die weiten Geröllhalden des Mte. Pelmo nach Süden. Unschwer erreichen wir den Abzweiger knapp oberhalb der Forcella Staulanza, wo wir nach rechts in 10 Min. den Paß erreichen.

41 **Bergwanderung:** Brusadaz – Monte Punta, 1.952 m

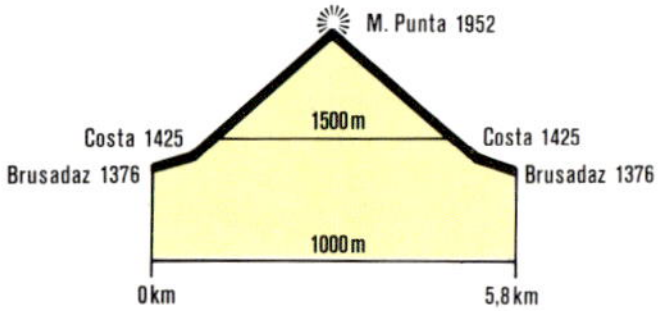

Ausgangspunkt: Brusadaz im Val Zoldana
Parken: im Dorf
Höhenunterschied: 580 m
Wanderzeit: 2 Std. (Aufstieg)
Schwierigkeitsgrad: leicht!
Einkehr: in Brusadaz

Tourenverlauf: Über ein schmales Asphaltsträßchen, welches in Fusine von der Dolomitenstraße 251 abzweigt, erreicht man per PKW das Dorf Brusadaz. Obwohl noch ein kleines Stück Weiterfahrmöglichkeit bestehen würde, ist es lohnend, ab hier das aussichtsreiche Sträßchen zum Weiler Costa zu Fuß zu benutzen. In Costa hinauf bis zur kleinen Kapelle. Nach dieser links hinauf, an zwei Brunnen hintereinander vorbei, und der rotweißen Markierung »491« folgen. Auf felsigem Steig nun ziemlich steil hinauf. Wir stoßen auf einen, den Wiesenhang querenden Schotterweg, dem wir nun nach rechts bergwärts folgen. Bei einer Gabelung im oberen Bereich links und später über einen steilen Abschnitt in Kehren hinauf. Nach Erreichen eines kleinen Sattels direkt nach Süden auf den Rücken

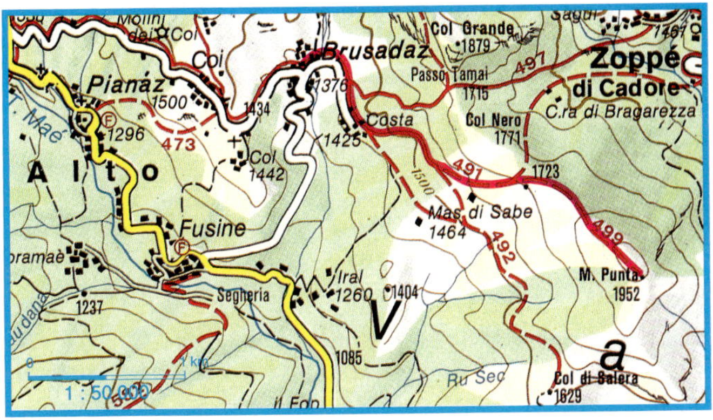

des M.te Punta. Im letzten Abschnitt kurz nach Südwest und zwischen leichtem Gestrüpp hindurch auf schmalem Steig zum Gipfel. Mit größter Wahrscheinlichkeit kann man nun hier ziemlich ungestört das umliegende Dolomitenpanorama genießen, welches vor allem im Norden durch den Monte Pelmo geprägt wird. Abstieg wie Aufstiegsweg.

Civettagruppe von NO

42 **Bergwanderung:** Forc. Cibiana – Monte Rite, 2.133 m

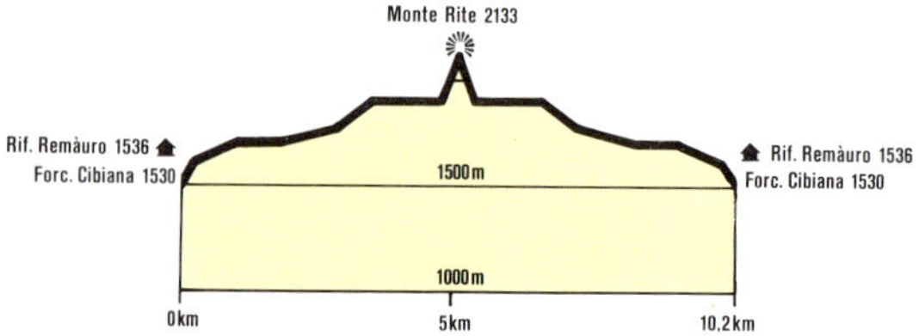

Ausgangspunkt: Forc. Cibiana
Parken: an der Paßhöhe
Höhenunterschied: 600 m

Wanderzeit: 1½ Std. (Aufstieg)
Schwierigkeitsgrad: leicht!
Einkehr: Rif. Remàuro an der Forc. Cibiana

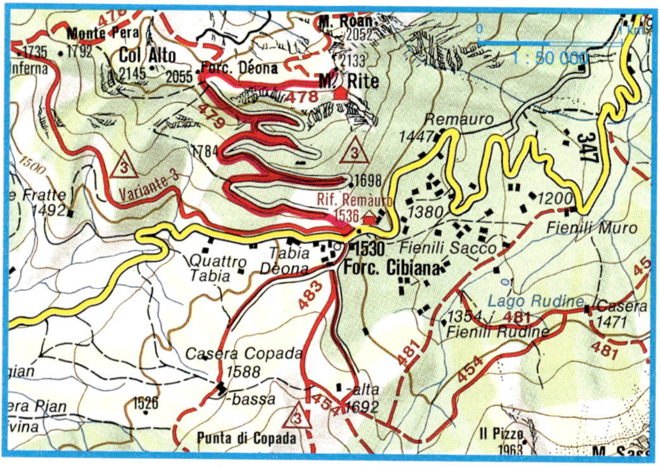

Tourenverlauf: Als bewaldete Lichtung präsentiert sich unser Ausgangspunkt, der Paßübergang der Forc. Cibiana, zwischen dem Val Zoldana und Boite-Tal gelegen. Gleich links neben dem Rif. Remàuro erblicken wir den Beginn der alten Militärstraße (Fahrverbotsschild), welche wir nun für den Aufstieg benutzen. Durch Lärchenwald führen die ersten Kehren bergan. Im Verlauf des Aufstieges lichtet sich der Wald immer mehr und wir erhalten stets bessere Ausblicke auf die im Süden liegende Bosconero-Gruppe. Im oberen Bereich nun auch bereits Ausblicke auf Moiazza und Civetta. Wir gelangen bei einer Kehre im letzten Abschnitt zur Forc. Deona, wo wir auch Blicke nach Norden zu den Ampezzaner Dolomiten erhalten; hier zweigt links auch der Dolomitenhöhenweg 3 in Richtung M.te Pelmo ab. Unschwer überwinden wir den letzten Wegabschnitt und gelangen auf den Gipfel mit seiner ausgezeichneten Rundsicht und dem von den Italienern vor dem Ersten Weltkrieg errichteten Sperrfort zur Sicherung der einst unweit nördlich verlaufenden Grenze zu Österreich-Ungarn. (Vorsicht bei Betreten des Forts, da einige Gräben und Schächte ungesichert!) Hinweis! Aufstieg zum Monte Rite nur bei aussichtsreichem Wetter lohnend. Abstieg wie Aufstieg.

⑬ **Bergwanderung:** Alleghe – Rif. A. Sonino al Coldai, 2.135 m – Rif. A. Tissi, 2.280 m

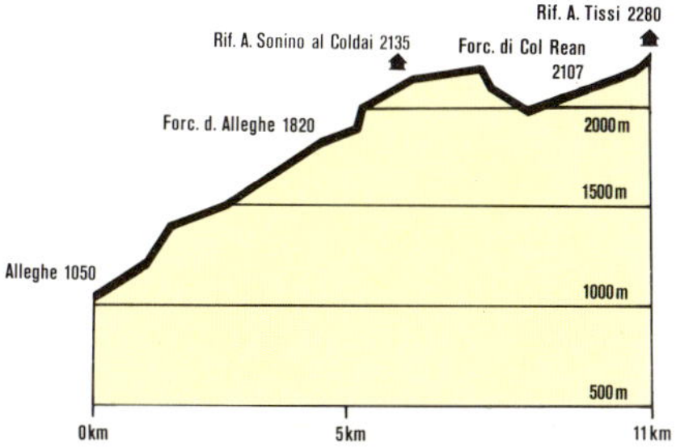

Ausgangspunkt: Alleghe
Parken: im Ort, Nähe Verkehrsamt
Höhenunterschied: 1.250 m

Wanderzeit: 5 Std.
Schwierigkeitsgrad: leicht!
Einkehr: Rif. A. Sonino al Coldai, Rif. A. Tissi

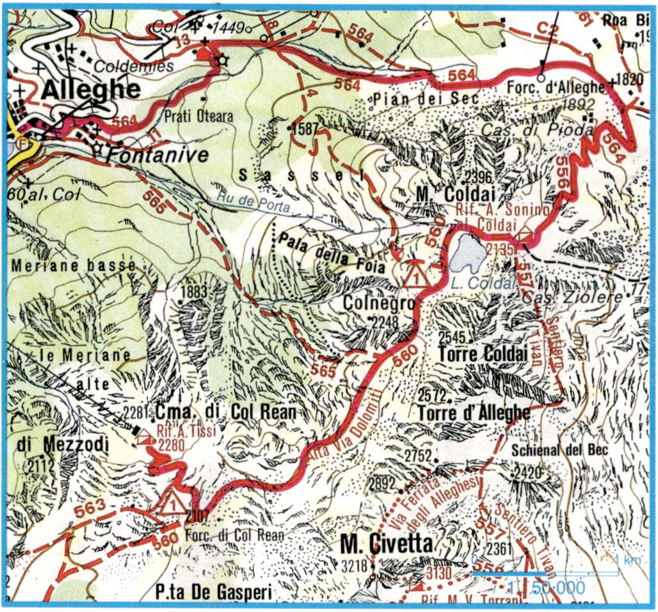

Tourenverlauf: Diese prachtvolle Tour durch die Westseite der Civetta-Gruppe ist sowohl als Streckenwanderung als auch als Zweitageswanderung in Kombination mit Tour Nr. 44 (Nächtigung Rif. A. Tissi) äußerst lohnend. Bei einer Wanderung bis Listolade besteht gute Busverbindung zurück nach Alleghe. Bei der großen Straßenkurve nahe dem Eisstadion beginnt unsere Wanderung Richtung Osten auf dem markierten Weg 564, der uns nach Fontanive führt. Dort über Wiesen zu einem Bach, den man zweimal überquert, bis man einen querenden Weg erreicht, dem man weiter rechts folgt. Durch Wald und über Wiesen mit zum Teil herrlichen Ausblicken zur Marmolada erreichen wir die Forc. d'Alleghe. Hier befinden wir uns nun auf einer hügeligen Almfläche mit einer unbewirtschafteten Hütte; hier herauf führt auch ein mäßig befahrbarer Almweg aus dem Val di Zoldo. Nun führt unsere Wanderung nach Südwesten entlang des guten Dolomitenhöhenweges 1, welcher uns mit Schrofen übersätem Almgelände in gleichmäßiger Steigung bergwärts führt. Rasch ist das Rif. A. Sonino al Coldai und unsere erste Einkehrmöglichkeit erreicht. Es folgt mit dem Aufstieg zum Rif. A. Tissi ein landschaftlich großartiger Abschnitt. Auf gut markiertem Weg passieren wir den smaragdgrünen Lago Coldai; der Weiterweg hinauf zur Forc. Colnegro wird linker Hand von den imposanten Wänden der Civetta beherrscht. Nach Passieren der Forc. Colnegro in Kehren abwärts, dann wieder in unschwerem Aufstieg hinauf zur Forc. di Col Rean. Hier in unschwerer Wanderung zum herrlich gelegenen Rif. A. Tissi. Äußerst lohnend ist von dort wegen der sich bietenden Aussicht noch ein Abstecher zur nahen Cima di Col Rean, 2.281 m.

44 Bergwanderung: Listolade – Rif. Vazzoler, 1.714 m – Rif. A. Tissi, 2.280 m

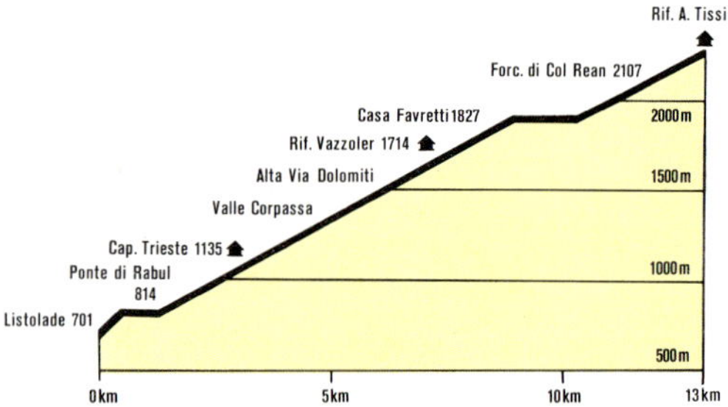

Wanderzeit: 5½ Std.
Schwierigkeitsgrad: leicht!
Einkehr: Rif. Vazzoler, Rif. A. Tissi, Cap. Trieste

Ausgangspunkt: Listolade im Cordévoletal
Parken: Asphaltstraße am Eingang des Corpassatales
Höhenunterschied: 1.550 m

Tourenverlauf: Diese sehr lange, jedoch ausgesprochen schöne Bergwanderung beginnen wir in Listolade auf gutem Fahrweg (für KFZ Fahrverbotstafel) taleinwärts ins nordöstlich abzweigende Valle Corpassa. Obwohl wir bereits mehr als 400 Höhenmeter überwinden, wird in etwas mehr als einer Stunde die Cap. Trieste (nur im Sommer bewirtschaftet) erreicht. Von hier nun auf dem schmäler werdenden Weg in den Talschluß und dann in vielen Kehren (bei der drittletzten Einmündung des DHW 1) hinauf bis unter den imposanten Torre Trieste und weiter auf herrlich gelegenem Weg zum Rif. Vazzoler. Hier befinden wir uns wahrlich bei einer der schönst gelegenen Schutzhütten der Dolomiten. Steil ragt im NW der Felszahn des Torre Venezia empor, in Fortsetzung nach Norden der zerklüftete Pelsakamm; genauso eindrucksvoll auch der Blick nach Westen zur Cima

della Busazza mit dem rechten Vorposten, dem Torre Trieste. Unser Weiterweg führt auf Weg Nr. 560 hinauf auf einen kleinen Sattel unterhalb des Torre Venezia; von hier leicht abwärts in bequemer Wanderung zu den verfallenen Hütten von Cason di Col Rean. Im letzten Abschnitt wieder aufwärts bis zum Linksabzweiger »Rif. A. Tissi«, welches nach kurzem Aufstieg erreicht wird. (Siehe Tour Nr. 43.)

45 **Höhenwanderung:** Passo Duran – Rif. Vazzoler, 1.714 m

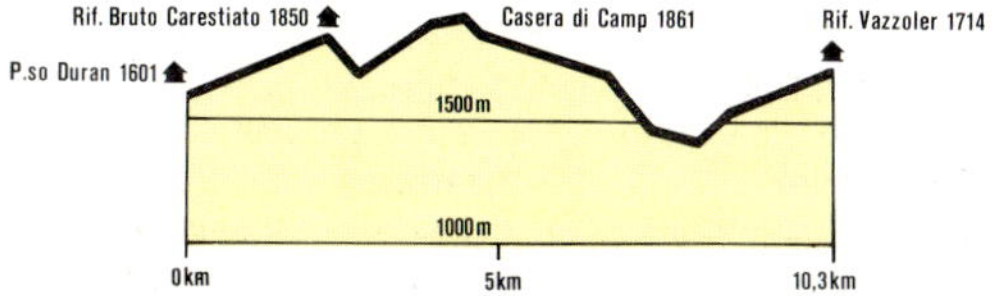

Ausgangspunkt: P.so Duran
Parken: an der Paßhöhe
Höhenunterschied: 400 m

Wanderzeit: 4½ Std.
Schwierigkeitsgrad: mittel!
Einkehr: Rif. Bruto Carestiato, Rif. Vazzoler

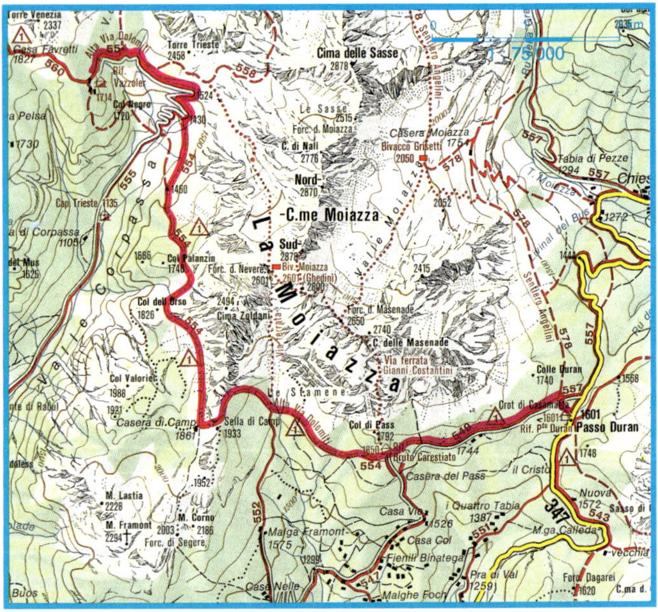

Tourenverlauf: Gleich links neben dem Rif. P.so Duran (Cesare Tomé) am Duranpaß beginnt ein Steig nach Nordwesten. Über deutliche Steigspuren, die rechts vom Karrenweg aufwärtsführen, erreichen wir einen Waldsteig, welcher durch lichten Wald mäßig steil aufwärts führt (Markierung blauer Punkt). Nach einer guten halben Stunde gelangen wir zum herrlich unter den mächtigen Südwänden der Moiazza gelegenen Rif. Bruto Carestiato. Durch die balkonartige Lage der Schutzhütte genießt man von hier besonders herrliche Rundsicht auf die südlich und westlich gelegenen Dolomitengruppen. Gleich links oberhalb der Hütte beginnt ein breiter Schotterweg durch Wald und über Geröllfelder der rechts aufragenden Moiazzawände. Nach einem weitläufigen Linksbogen (vorher Abzw. des schwierigen Klettersteiges »Via ferrata Gianni Costantini«) durch Latschen aufwärts zur Sella di Camp, 1.933 m. Über Kehren hinab zur Casera di Camp (unbewirtschaftete Hütte). Eben weiter zu einer Hangquerung, danach auf einem kurzen, seilgesicherten Abschnitt steil abwärts zum Sattel nahe dem Col dell'Orso. Hier erst kurz steil abwärts, dann wieder flacher zu einer weiteren Einsattelung. Durch lichten Lärchenwald, über Geröllhänge und Latschen abwechslungsreich hinunter, bis wir in den Karrenweg einmünden, der vom Valle Corpassa hinauf zum Rif. Vazzoler führt. Weiter wie bei Tour Nr. 44 zur Schutzhütte. Als Anschluß- bzw. Rückweg Kombinationsmöglichkeiten mit den Touren Nr. 43 und 44.

46 **Talwanderung:** Alleghe – Masaré – Le Grazie

Ausgangspunkt: Alleghe
Parken: im Ortszentrum
Höhenunterschied: unbedeutend
Wanderzeit: 1¼ Std.
Schwierigkeitsgrad: leicht!
Einkehr: zahlreiche Möglichkeiten an der Strecke

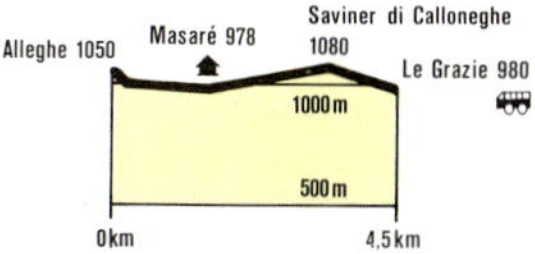

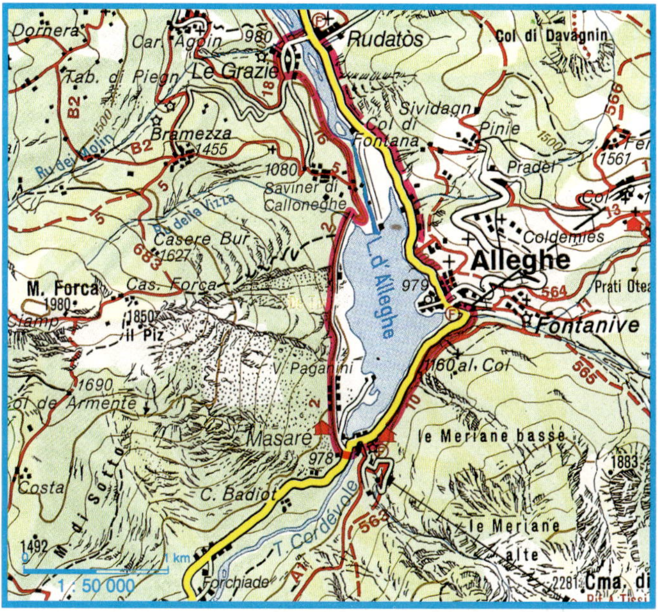

Tourenverlauf: Malerisch liegt der durch einen Bergsturz im Jahre 1772 entstandene See von Alleghe eingebettet in einer Verengung des oberen Cordévoletales. Die herrliche Gebirgskulisse, vor allem der Civetta im Südosten, lädt natürlich auch zu Spaziergängen, wie dem nun beschriebenen, ein. Auf der schönen Seeuferpromenade gelangen wir zum südlichen Ortsende bei der Eishalle. Dort überqueren wir einen kleinen Bach zu einem Gehweg, der neben der Dolomitenstraße 203 zum Südende des Sees bei Masaré führt. Über die Brücke mit dem Stauwehr und dann rechts ab zum ruhigen Westuferweg. Diesem nun weiter nach Norden folgend, passieren wir herrliche Aussichtsplätze Richtung Alleghe mit dem See als Vordergrund und den Wänden der Civetta im Hintergrund. Wir gelangen zur flachen Einmündung des Torrente Cordévole am nördlichen See-Ende und begleiten das ausgeschwemmte Bachbett des Cordévole auf ruhigem Wanderweg bis zum Wallfahrtsort Le Grazie. Hier über die Brücke zum östlichen Talgrund, wo wir wieder zur Hauptstraße gelangen. Nun zurück mit dem Bus oder in etwa 25 Min. Gehzeit entlang der Straße nach Alleghe.

Wanderungen und Bergtouren im oberen Fleimstal, Fassatal und in der Marmoladagruppe

47 **Wanderung:** Sottoguda – Malga Ciapela

Ausgangspunkt: Sottoguda im Val Pettorina
Parken: Ortsanfang im Osten (Straßenteilung)
Höhenunterschied: 200 m
Wanderzeit: 1 Std.
Schwierigkeitsgrad: leicht!
Einkehr: mehrere Möglichkeiten am Ausgangs- und Endpunkt

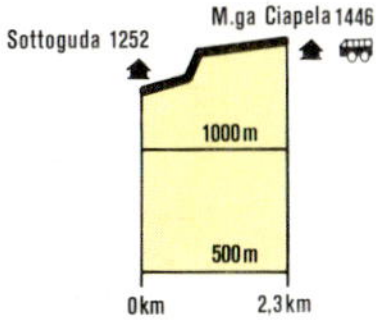

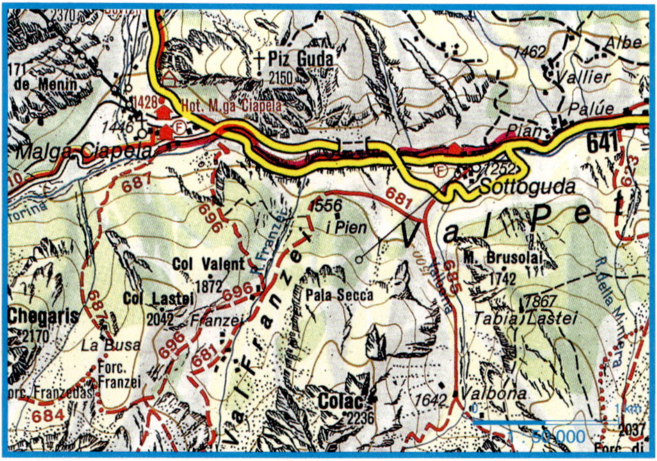

Tourenverlauf: Heute führt durch das Val Pettorina eine moderne Umfahrungsstraße südlich um den kleinen Ort Sottoguda herum und über eine Brücke und durch einen Tunnel weiter hinauf nach Malga Ciapela. Dies hat Spaziergängern eine äußerst romantische Wandermöglichkeit auf der alten Straße ermöglicht, die zwar auch asphaltiert ist, aber nur wenig befahren sich sanft am Talgrund der Schlucht des Torrente Pettorina bergwärts windet. Wir beginnen unsere Wanderung am östlichen Dorfrand von Sottoguda, dort, wo sich Alte und Neue Straße teilen und wandern an einigen Läden und Bars orteinwärts vorbei. Gleich hinter dem Ort verengt sich das Tal zu einer schmalen, wildromantischen Felsszenerie, welche nun links und rechts der Straße steil aufragt und am Talboden nur der Straße und dem Bachbett Platz läßt. Wir passieren am Weg vereinzelte, in Felsen gehauene Stollen und Nischen und wandern kurze Zeit später tief unter der neuen Straßenbrücke hindurch. Das Sträßchen steigt in Folge etwas stärker an. Wir gelangen zum Schluchtausgang und nach weiterem, kurzem Anstieg hinauf nach Malga Ciapela mit der Talstation der Marmolada-Seilbahn. Dort besteht Rückfahrtmöglichkeit per Bus nach Sottoguda.

◀ Marmolada di Penia, 3.342 m

48 **Bergwanderung:** Malga Ciapela – Rifugio O. Falier, 2.080 m – Malga Ciapela

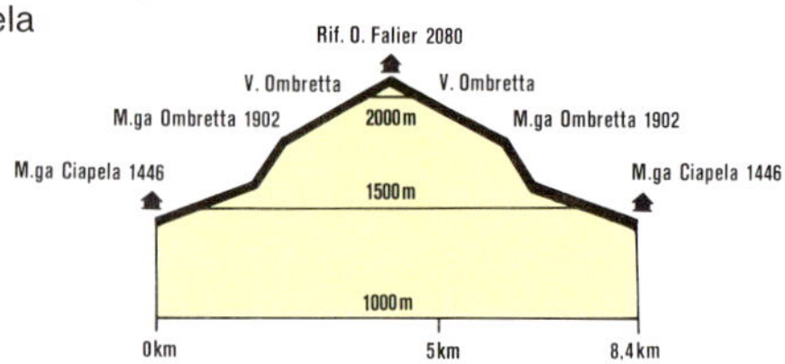

Ausgangspunkt: Malga Ciapela
Parken: bei der Seilbahntalstation
Höhenunterschied: 640 m

Wanderzeit: 3½ Std.
Schwierigkeitsgrad: leicht!
Einkehr: Rif. O. Falier

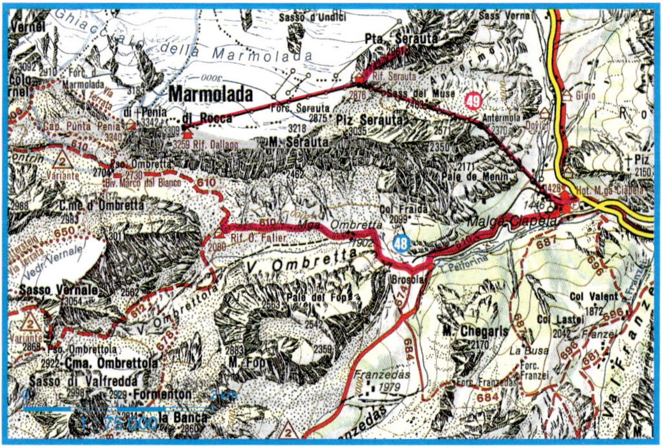

Tourenverlauf: Von Malga Ciapela auf einer asphaltierten, schmalen Straße Richtung Südwesten. Durch ein Campinggelände hindurch windet sich das Sträßchen mit nur mäßiger Steigung hinauf bis zu einem kleinen Parkplatz (meistens ausgelastet, daher Fußweg bis dorthin zu empfehlen). Von dort auf schmalem Schottersträßchen, bereits erheblich steiler, in Serpentinen aufwärts. Eine nach rechts weisende Tafel zum Rif. O. Falier ignorieren wir, da der Normalweg über die Straße wesentlich aussichtsreicher und leichter ist. In ziemlich gleichmäßigem Aufstieg erreichen wir eine Wegkreuzung, wo wir nun scharf nach rechts in einen markierten, alten italienischen Frontweg aus dem Ersten Weltkrieg abbiegen. Dieser führt teilweise in Serpentinen, teils als Hangquerung äußerst aussichtsreich um den Ostausläufer der Pale del Fop. Im obersten Abschnitt mündet der o. a. steilere Abkürzungsweg wieder von rechts ein und bald geht unser Weg in einen ebenen Almweg über. Am Eingang in das Val Ombretta passieren wir die unbewirtschafteten Hütten der Malga Ombretta. Wir genießen einen imposanten Blick auf die gewaltige Marmolada-Südwand zu unserer Rechten. Etwas oberhalb des breiten, ausgeschwemmten Talbodens führt Weg 610 leicht ansteigend hinauf zum schon von weitem erkennbaren Rif. O. Falier.

Nach Rast und Einkehr wandern wir zurück durch das Ombrettatal bis zur Wegteilung. Dort auf einem steilen Serpentinenweg und durch Kiefernwald hinab und auf dem Hinweg zurück nach Malga Ciapela.

49 Wanderung (Klettertour) mit Seilbahnauffahrt: Malga Ciapela – Rifugio Serauta – Punta Serauta, 2.961 m – Rifugio Dallago, 3.259 m – (Marmoladagletscher)

Ausgangspunkt: Malga Ciapela
Parken: bei der Seilbahntalstation
Höhenunterschied: ca. 100 m (ohne Seilbahnfahrt)
Wanderzeit: 2 Std. (ohne Seilbahnfahrt)
Schwierigkeitsgrad: mittel! P.ta Serauta nur bei trockenem Wetter anzuraten!
Einkehr: bei den Seilbahnzwischenetappen
Karte:siehe Seite 98

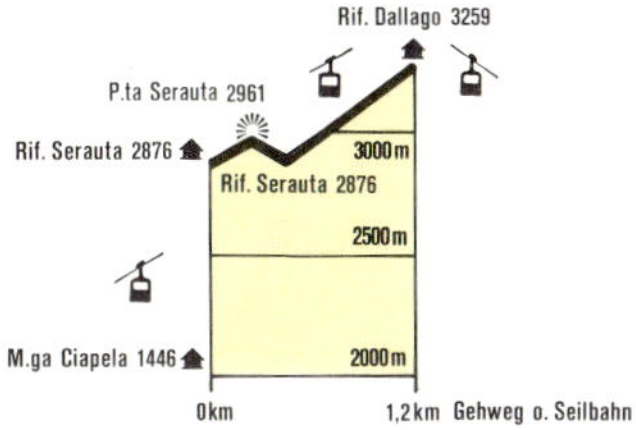

Tourenverlauf: Der höchste Gipfel der Dolomiten gehört auch zu den touristisch am besten erschlossenen, daher sollte man für diese Unternehmung Sonntage und den Monat August am besten meiden. Bei klarem Wetter, z. B. in den ersten Septemberwochen, empfiehlt sich, für diesen »Ausflug« in die Gletscherwelt eines Dreitausenders einen ganzen Tag Zeit zu nehmen. Kühn führt uns die Seilbahn hoch hinauf zur ersten Umsteigestation und von dort über felsiges Gelände in einer weiteren Auffahrtssektion zum Rif. Serauta, dem Ausgangspunkt für Skiläufer, die das Ganzjahresangebot der Lifte im Gletscherskigebiet nutzen wollen. Mit guter Ausrüstung können wir kurz auf dem gut markierten Steig Richtung Norden absteigen; dort beginnt der in den siebziger Jahren restaurierte, ehemalige Frontsteig der italienischen Truppen aus dem Ersten Weltkrieg.

Marmolada di Penia, 3.342 m

Vorbei an Denkmälern, durch Laufgräben und über tollkühn angelegte Kavernen gelangen wir zu Seilsicherungen. Über diese und auch teilweise über Metall-Leitern steigen wir nun hinauf bis zum aussichtsreichen Endpunkt des Weges bei einer Kaverne, wo wir z. T. atemberaubende Tiefblicke genießen. Auf dem gleichen Weg zurück zum Rif. Serauta. Nochmals benutzen wir die Seilbahn hinauf zur Bergstation am Marmoladagrat. Bei klarem und mäßig windigem Wetter kann ein aussichtsreicher Spaziergang hinaus auf den »First« des Gletschers unternommen werden. (Gipfelbesteigung der Marmolada di Rocca nur für Geübte!) Die Seilbahn bringt uns in 3 Sektionen zum Ausgangspunkt.

50 **Wanderung:** Soraruaz – Passo Padon, 2.400 m – Lago di Fedaia

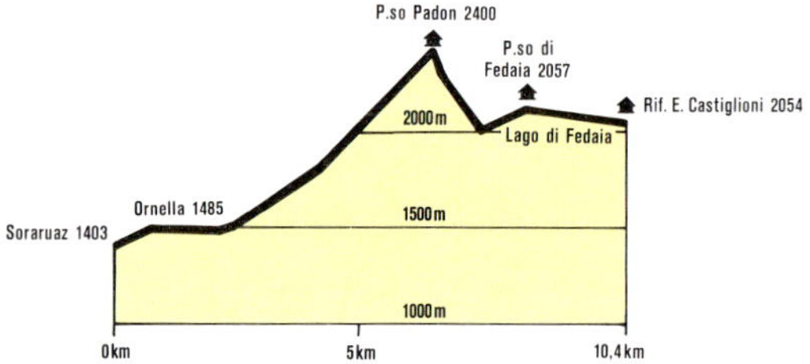

Ausgangspunkt: Soraruaz
Parken: beim ehem. Weltkriegsfort, heute Restaurant
Höhenunterschied: 1.000 m

Wanderzeit: 4½ Std.
Schwierigkeitsgrad: mittel!
Einkehr: Rif. P.so Fedaia, Rif. E. Castiglioni (Marmolada)

Tourenverlauf: Bei dem zu einem Restaurant umgebauten ehem. österreichischen Fort beginnt an dessen Rückseite ein Fahrweg, der zuerst in den Graben des Cordevolebaches und dann in permanentem Anstieg hinauf zum Dorf Ornella führt. Von dort auf Weg 634 taleinwärts und über Almsteige ständig ansteigend nach Südwesten hinauf zum für die Dolomiten fast untypischen Schwarzen Padonkamm, der im Gegensatz zu den rundum liegenden Gebirgsgruppen aus vulkanischem Gestein besteht. Wir überschreiten die Baumgrenze und genießen einen schönen Ausblick auf das zerklüftete Klettergebiet des Bec de Mesdí im Westen. Über Almwiesen und Matten erreichen wir den Passo Padon (Raststätte, wahrscheinlich nur Winterbewirtschaftung). Hier herauf führt auch ein Sessellift, Teil eines herrlichen Skigebietes im Winter. Nun steil abwärts nach Süden. Vom Rif. Padon aus besteht die Möglichkeit, auf dem »Geologischen Lehrpfad« entlang der Crepes de Padon und auf Weg 698 zum Rif. E. Castiglioni (Marmolada) zu gelangen. Unser Weiterweg (Weg Nr. 699) erreicht jedoch den Fedaiapaß mit einer Einkehrmöglichkeit. Entweder entlang des Stausees auf der (stark befahrenen) Norduferstraße oder auf der für KFZ gesperrten Süduferstraße (etwas weiter, doch interessanter) eben hinüber zum Rif. E. Castiglioni (Marmolada). Rückweg ev. in Kombination mit Tour 51.

51 **Wanderung:** Rifugio E. Castiglioni (Marmolada) – Porta Vescovo, 2.565 m

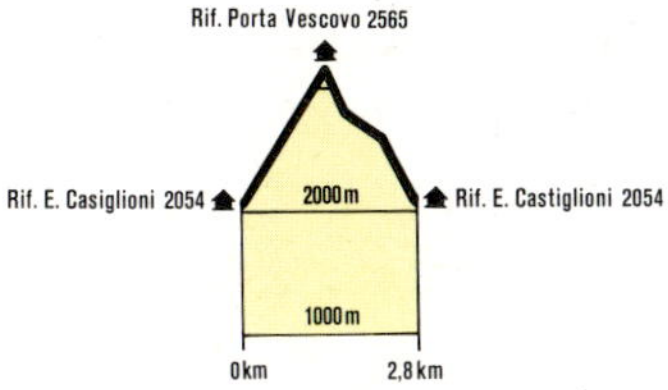

Ausgangspunkt: Rif. E. Castiglioni (Marmolada) am Passo di Fedaia
Parken: Nähe des Schutzhauses
Höhenunterschied: 470 m
Wanderzeit: 1½ Std.
Schwierigkeitsgrad: leicht!
Einkehr: Rif. Porta Vescovo
Karte: siehe Seite 100

Tourenverlauf: Als einen der schönsten Aussichtsplätze für den im Süden gelegenen Marmoladagletscher könnte man zweifellos die Senke der Porta Vescovo, mitten im zerklüfteten Padonkamm, bezeichnen. Von Arabba führt zwar auch eine bequeme Kabinenseilbahn zu diesem Platz; äußerst reizvoll und interessant ist aber auch ein Fußweg sowohl von der Nord- wie auch von der Südseite. Hier befand sich nämlich auch der Frontverlauf im Ersten Weltkrieg; dementsprechend zahlreich wird der Wanderer auf Reste des einstigen Kampfgeschehens stoßen. Dieser Weg (Nr. 698) von der Südseite beginnt ziemlich gegenüber dem Staudamm am Nordufer des Fedaia-Sees. Der erste Abschnitt verläuft ziemlich steil (im Sommer sehr heiß) und direkt; weiter oben geht der alte Frontweg in einen gemütlicheren Rasensteig über, der nur im letzten Abschnitt wieder etwas ansteigt. Von der bald erreichten Porta Vescovo lohnen sich auch kurze Abstecher entlang des Kammes. Z. B. kann auf dem fast eben nach Osten verlaufenden Weg (beschildert mit »Via ferrata delle Trincee«) inmitten von Basaltblöcken das bizarre Felsgebilde des Bec de Mesdí bestaunt werden; Klettersteigfreunden mit Erfahrung und Ausrüstung wird vor allem die luftige Hängebrücke zwischen zwei Felszinnen ins Auge fallen und u. a. zu einem

Aufstieg reizen. Sollte diese Tour mit Nr. 50 kombiniert werden, besteht dann Talfahrtsmöglichkeit mit der Seilbahn nach Arábba; sonst Abstieg zurück nach Fedaia auf dem fast parallel laufenden Weg 662.

52 **Höhenwanderung:** Auf dem »Bindelweg« am Padonkamm

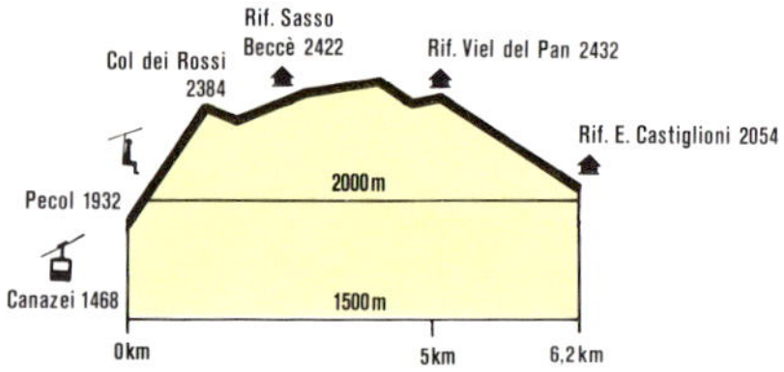

Ausgangspunkt: Canazei
Parken: bei der Talstation der Pecol-Seilbahn
Höhenunterschied: ca. 400 m (Fußweg)

Wanderzeit: 3 Std. (ohne Seilbahnauffahrt)
Schwierigkeitsgrad: leicht!
Einkehr: Rif. Fredarola, Rif. Viel del Pan, Rif. E. Castiglioni (Marmolada)

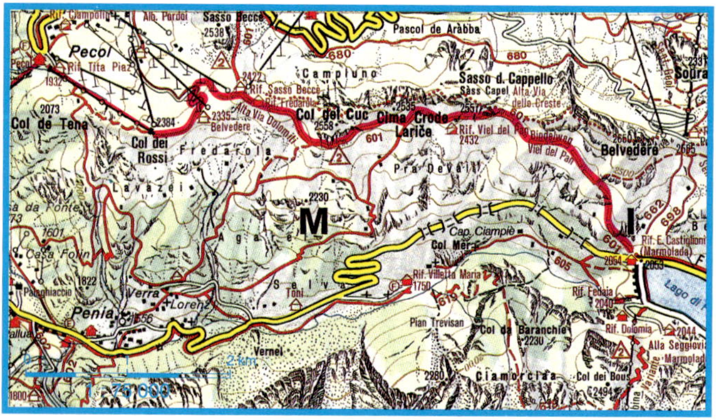

Tourenverlauf: Dieser wohl bekannteste Höhenweg in den Dolomiten besitzt inzwischen zahlreiche Zugangsmöglichkeiten; so z. B. vom Pordoi-Joch oder von der Porta Vescovo in umgekehrter Richtung. Diese Beschreibung nennt die heute gebräuchlichste Variante, da sie auch über einen schönen Wanderweg vom Fedaia-Paß nach Canazei zu einer schönen Tagesrundwanderung verbunden werden kann. Mit der Seilbahn zuerst hinauf zum Pecol und von dort mit dem Sessellift weiter zum Col dei Rossi, 2.384 m. Auf gut beschildertem Steig hinauf zum Rif. Sasso Beccè, wo der vom Pordoi-Joch kommende Weg einmündet und dann ein Stück weiter zum Rif. Fredarola. Nun auf zumeist ebenem Weg in herrlicher Hangwanderung zum Rif. Viel del Pan, auch Bindelweghütte genannt. Traumhafte Ausblicke bieten sich uns zum Marmoladagletscher im Süden; für dieses Panorama nehmen wir gerne so manche Überlaufenheit dieses beliebten Höhenweges in Kauf. Wir wandern weiter nach Osten, wo sich plötzlich durch einen Sattel auch nach Norden ein herrlicher Ausblick zur Sella und zu den Tofanen bietet. Nach einem weiteren Stück Weges gelangen wir zu einer Wegteilung (links weiter zur Porta Vescovo). Wir bleiben rechts und nach Passieren einer Wiesenmulde steigen wir hinab zum Fedaiapaß und zum großen Rif. E. Castiglioni (Marmolada). Von dort aus zahlreiche Weiterweg- und Rückwandermöglichkeiten, je nach Ausgangspunkt.

53 **Wanderung:** Penia – Rifugio Contrin, 2.016 m

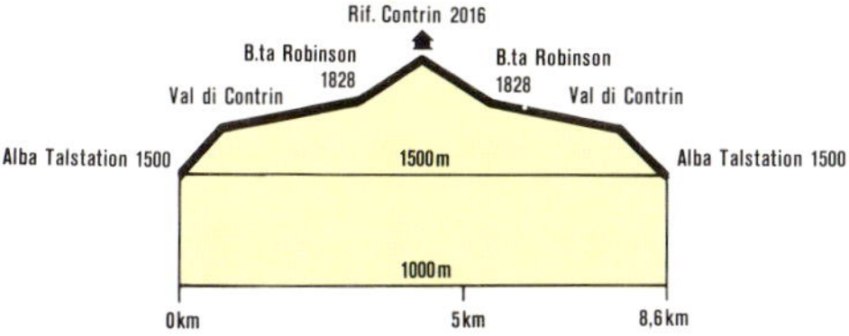

Ausgangspunkt: Penia (im SO gelegene Fraktion der Gemeinde Canazei)
Parken: Talstation der Ciampac-Seilbahn
Höhenunterschied: 550 m

Wanderzeit: 2 Std.
Schwierigkeitsgrad: leicht!
Einkehr: Rif. Contrin

Tourenverlauf: Das Contrin-Schutzhaus ist neben der Tatsache, in einer herrlichen Umgebung zu liegen, ein Haus mit alter Tradition, welche bis in die Zeit vor dem Ersten Weltkrieg zurückreicht. Der unschwierige Weg durch das Contrintal bietet sich jedoch auch als reizvolle Streckenwanderung an, welche im folgenden beschrieben ist. Von der Talstation der Seilbahn Richtung Südosten führt ein Karrenweg taleinwärts, welcher nach einer kurzen Waldpassage in einen Serpentinenweg übergeht. Auf diesem überwinden wir eine mehr als 300 Höhenmeter hohe Steilstufe und gelangen zur zeitweise bewirtschafteten Baita Contrin. Von dort mit nur mehr geringe Steigung weiter hinein ins Contrintal. Mit zunehmender Wegstrecke wird die Aussicht eindrucksvoller und bald erscheint auch in der Ferne das Contrinhaus in unserem Blickfeld. Nach einigen Kehren gelangen wir zur Hütte mit Prachtausblicken zur Marmolada-Südwand, dem Cime d'Ombretta sowie dem Sasso Vernale im Süden. Abstieg wie Aufstieg oder Kombinationsmöglichkeit mit Tour Nr. 54.

54 **Bergtour:** Rif. Contrin – Col Ombert, 2.670 m – Forcella Pasche – Val di San Nicolò

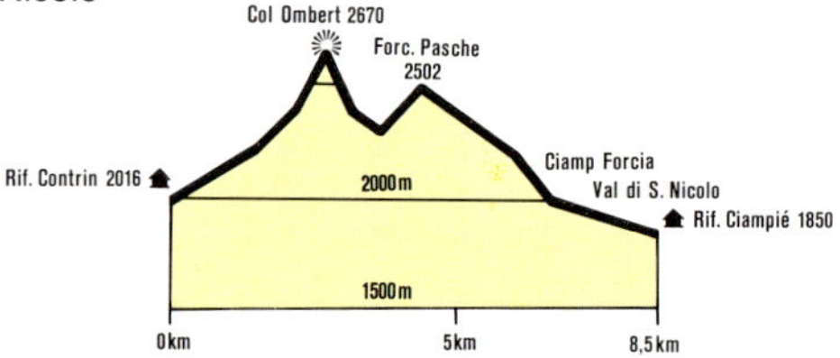

Ausgangspunkt: Rif. Contrin
Höhenunterschied: 850 m
Wanderzeit: 6 Std.
Schwierigkeitsgrad: mittel! Für konditionsstarke Geher!
Einkehr: Rif. Ciampié (zeitweise bewirtschaftet)
Karte: siehe Seite 103

Tourenverlauf: Der Übergang vom Contrinhaus zum Val di San Nicolò ist etwas leichter auch über den Passo di San Nicolò möglich (auch kürzer); bei der hier beschriebenen Tour kann mit dem Col Ombert auch ein aussichtsreicher Gipfel sowie ein kriegsgeschichtlich äußerst interessantes Gebiet »mitgenommen« werden (Ausrüstung mit entsprechender Fachliteratur empfehlenswert). Vom Contrinhaus ein Stück bis zum Bach (Weg 609) und weiter kurze Zeit auf dem Weg, der zum Passo di San Nicolò führt. Diesen verlassen wir bald darauf nach links und halten uns nun an die Markierung zum Col Ombert. Einer gut sichtbaren Steigspur folgend nun aufwärts nach Westen, immer wieder Spuren des Ersten Weltkrieges passierend. Von einem Hochplateau aus, von wo wir bereits umfassende Rundsicht genießen, nun weiter westwärts und über Schrofen und Kargelände das letzte Stück steil zum Gipfel des Col Ombert. Dort herauf führt auch eine Steiganlage vom Passo di San Nicolò, welche jedoch noch aus dem Ersten Weltkrieg stammt und dementsprechend gefährlich zu begehen ist. Nach Genuß der herrlichen Rundsicht wandern wir wieder die Kehren zurück; man kann jedoch wegen des z. T. übersichtlichen Geländes den Weg zur Forcella Pasche auch leicht links des Südgrates, weglos haltend, abkürzen, wobei wieder zahlreiche Spuren des Weltkrieges passiert werden. Nach Erreichen der Forcella Pasche auf gut markiertem Weg nach Westen hinab, über felsiges Gelände zur Alpe Forca. Über Steilstufen in Kehren und z. T. über Wiesen hinab ins Val di San Nicolò, wo der Weg Nr. 608 vom Passo di San Nicolò einmündet. Ab Rif. Ciampié besteht eventuell Mitfahrmöglichkeit. Ansonsten wandern wir zu Fuß auf bequemem Talweg in ca. 1½ Stunden nach Pozza di Fassa und nehmen dort den Bus zurück nach Alba-Canazei. Ev. Zweitagestour mit Nächtigung im Contrinhaus.

Küchenschelle

55 **Wanderung:** Rif. Ciampié – Lago Lagusel

Ausgangspunkt: Val di San Nicolò
Parken: beim Rif. Ciampié
Höhenunterschied: ca. 460 m
Wanderzeit: 2½ Std.
Schwierigkeitsgrad: leicht!
Einkehr: Rif. Ciampié (Sommerbewirtschaftung)
Karte: siehe Seite 103

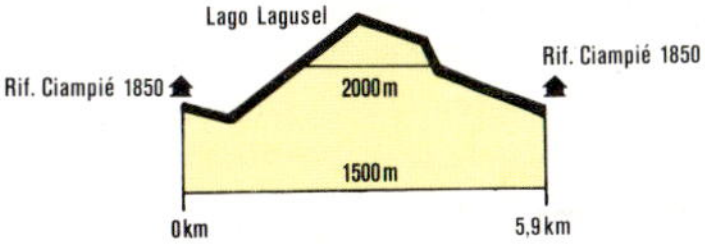

Tourenverlauf: Das Val di San Nicolò kann über eine schmale Asphaltstraße, die in Pozza di Fassa nach Osten abzweigt, mit PKW erreicht werden. Von der im hinteren Talbereich liegenden Raststätte aus wenden wir uns westwärts über einen markierten Steig, der den Bach überquert und nach einem Waldstück zur deutlich markierten Abzweigung des Wanderweges Nr. 640 gelangt. Von dort in südlicher bis südwestlicher Richtung weiter. Zuerst in Kehren, später erneut über einen kleinen Bach gelangen wir zur Westseite eines Grabens. Von dort noch ein Stück weiter in geringer Steigung aufwärts durch Nadelwald zu einer schönen Almlandschaft. An einzelnen Almhütten vorbei, immer Richtung Süden, leicht ansteigend, bis wir den in einer Senke gelegenen kleinen Lago Lagusel erreichen; einen Ort, der trotz seiner Schönheit noch immer abseits des Massentourismus liegt und wo man vor allem in den Herbstmonaten kaum andere Wanderer antreffen wird. Nur schwer trennen wir uns von diesem idyllischen Platz und wandern ein Stück südwärts, bis wir eine Wegkreuzung erreichen. Nun ostseitig über Almhänge, z. T. wieder etwas steiler hinauf zu einer Scharte südlich des M. Pecol. Auf Alm- und Waldwegen nordostwärts in unschwerer Wanderung zurück zum Rif. Ciampié.

56 **Höhenwanderung:** Penia – Sella Brunec , 2.428 m – Passo di San Nicolò – Val di Contrin – Penia

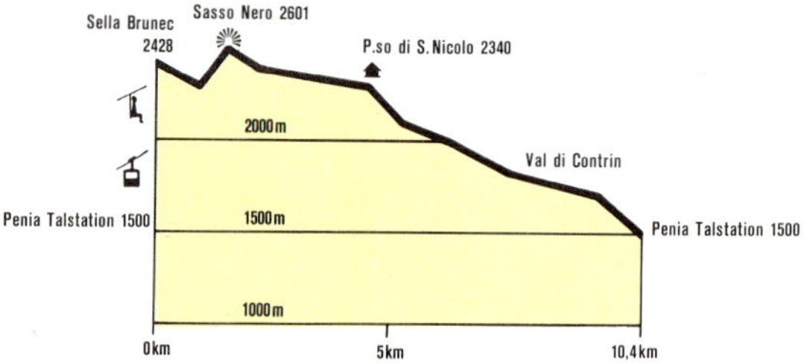

Ausgangspunkt: Penia
Parken: Talstation der Ciampac-Seilbahn
Höhenunterschied: ca. 1.100 m (inkl. Seilbahnauffahrt)
Wanderzeit: 5 Std. (ohne Seilbahnauffahrt)
Schwierigkeitsgrad: mittel! An wenigen Stellen Trittsicherheit erforderlich!
Einkehr: Rif. P.so San Nicolò , Rif. Contrin, Baita Robinson
Karte: siehe Seite 103

Tourenverlauf: Mit der Kabinenseilbahn und in weiterer Etappe mit einem Sessellift erreichen wir die Sella Brunec mit ihrer umfassenden Rundsicht. Besonders beachtenswert die von hier aus deutlichen Unterschiede in den Gesteinsarten; so der im Osten befindliche vulkanische Sasso Nero, andererseits die gewohnt hellen Kalkmassive im Norden und Westen. Wir wandern im Auf und Ab auf Weg 613 nach Osten und später ziemlich steil hinauf zur felsigen Forcia Neigra. Dort ein Stück abwärts bis zu einer Gabelung, wo wir uns rechts halten und über einen Felspfad südwärts die Ostflanke des Sasso Nero queren. Auf einem Wiesensteig hinauf zu einem Kamm und ohne bedeutenden Höhenunterschied zum Passo di San Nicolò mit gleichnamiger Schutzhütte. Auf einem alten Saumweg aus dem Ersten Weltkrieg steigen wir weiter in östlicher Richtung zum Rif. Contrin ab. Wie bei Tour Nr. 53 in umgekehrter Richtung beschrieben talauswärts in nordwestlicher Richtung durch das Val di Contrin, vorbei an der Baita Robinson und zurück zum Ausgangspunkt in Penia.

57 **Wanderung:** Passo di S. Pellegrino – Passo di Valles

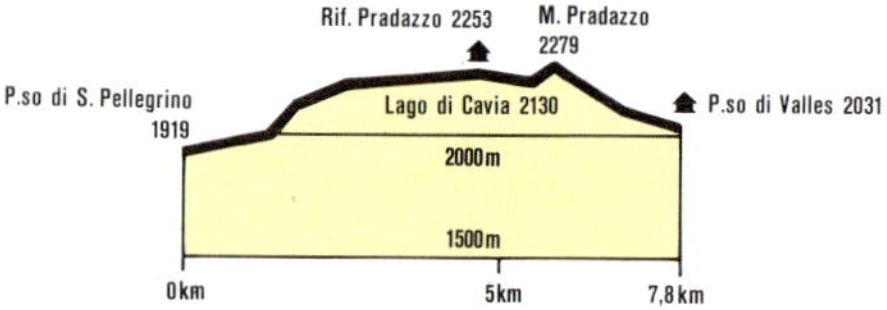

Ausgangspunkt: Passo di San Pellegrino
Parken: Paßhöhe
Höhenunterschied: 340 m
Wanderzeit: 3 Std.

Schwierigkeitsgrad: leicht!
Einkehr: Rif. Pradazzo, Rif. Passo Valles (jeweils nur zeitweise bewirtschaftet)

Tourenverlauf: An der Ostseite der herrlich gelegenen San-Pellegrino-Paßhöhe beginnt ein weiterer Abschnitt des Dolomiten-Höhenweges Nr. 2 (Zahl 2 in rotem Dreieck), an dessen Markierung wir uns bei dieser Wanderung weitgehend halten. Über die Nordhänge des Col Margherita durch spärlichen Baumbestand hinauf zum nördlichen Bereich der Corda degli Zingari. Von dort ein Stück aufwärts, bis wir nahe der Cima Pale di Gargol einen kleinen Sattel erreichen. Inmitten herrlicher Landschaft folgen wir dem nun südlich verlaufenden Weg und wandern über eine eigentümliche Fels- und Geröll-Landschaft ohne größere Höhenunterschiede zur Forcella di Pradazzo. Dort stoßen wir zu einem Karrenweg, auf dem wir in wenigen Minuten ostwärts das südlich über dem Lago di Cavia gelegene Rif. Pradazzo erreichen können. Von dort wieder zurück bis zur Forcella di Pradazzo und nun immer dem Karrenweg folgend leicht abwärts und zuletzt weglos durch Weideland nach Norden zum Passo di Valles. Entweder mit Bus zurück zum Passo di San Pellegrino oder für ausdauernde Wanderer Kombinationsmöglichkeit mit Tour Nr. 58 zu einer herrlichen Rundwanderung.

58 **Wanderung:** Passo di Valles – Lago Giuribrutto – Forcella di Giuribrutto, 2.381 m – Passo di San Pellegrino

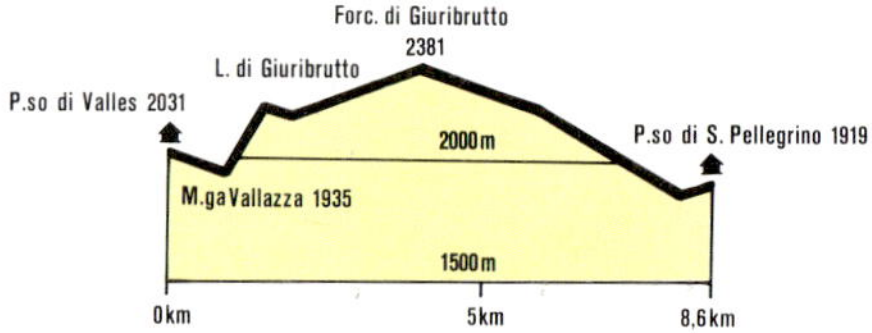

Ausgangspunkt: Passo di Valles
Parken: Paßhöhe
Höhenunterschied: 470 m
Wanderzeit: 4½ Std.

Schwierigkeitsgrad: leicht!
Einkehr: Passo di San Pellegrino
Karte: siehe Seite 107

Tourenverlauf: Vom Valles-Paß zuerst ein Stück hinab parallel zur Straße ins Val Travignolo bis zur Malga Vallazza. Auf dem beschilderten Weg 631 überqueren wir zuerst den kleinen Rio di Pradazzo und folgen dann einem Almsteig, der uns hinauf zur Hochfläche der Laste di Giuribrutto führt. Von dort nur mehr mäßig ansteigend bis eben hinüber zum Lago di Giuribrutto, einem Platz, der zu kurzem Verweilen einlädt. Hier mündet auch der vom Val Giuribrutto kommende Weg 629 ein, dem wir nun Richtung Norden, stärker ansteigend, zur Forcella di Giuribrutto folgen. Ein kurzes Stück nordwärts hinab und dann nach rechts ab in den Steig 628. Diesem nun ziemlich eben folgend zu einer Einsattelung am Nordgrat der Cima Giuribrutto. Kurzer Abstecher zum nördlich gelegenen Col delle Palue wegen herrlicher Aussicht lohnend. Von der Einsattelung zuerst in Kehren, später leicht abwärts bis eben hinüber zum Passo di San Pellegrino mit einem kleinen, an der Paßhöhe gelegenen, malerischen See. Zurück entweder mit Bus über Falcade zum Valles-Paß oder wie bei Tour Nr. 57.

59 **Bergwanderung:** Moèna – Piavac – Viezzena, 2.490 m – Monte Mulat – Predazzo

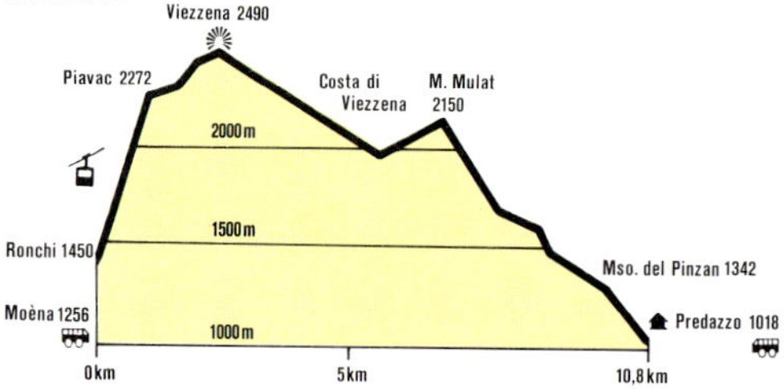

Ausgangspunkt: Moèna
Parken: Zentrum, nahe Buslinien
Höhenunterschied: 1.480 m
Wanderzeit: 4½ Std. (inkl. Seilbahnbenützung)

Schwierigkeitsgrad: mittel! Im Bereich Viezzenakamm Trittsicherheit erforderlich!
Einkehr: in Predazzo oder bei Fußweg zum Lusiapaß, Rif. Rezila bzw. Rif. Passo di Lusia

Tourenverlauf: Als einfachste Aufstiegsmöglichkeit bietet sich hier die Busfahrt von Moèna bis Ronchi und hier die Fahrt über die 2 Sektionen der Seilbahn zum Piavac-Kamm an. Als Fußweg kann aber auch das nicht

ganz 2 km östlich von Moèna beginnende alte Kriegssträßchen zum Lusiapaß und dann ein Wanderweg zum Piavac benutzt werden; in diesem Fall müßten zur obigen Wanderzeit etwas mehr als 2 Stunden hinzugerechnet werden. Über den »Sentiero comune« wandern wir nun permanent über ständig ansteigenden Kammweg nach Südwesten und erreichen in etwas mehr als einer halben Stunde bereits den Viezzena-Gipfel mit seiner herrlichen Aussicht nach Westen und Norden zum Rosengarten und Latemar und nach Südosten, vor allem zur Pala-Gruppe. Auf schmalem Pfad steigen wir nun leicht über den Nordwestkamm hinunter und verlassen diesen bei der »Einmündung« eines südwestlich verlaufenden Kammes oberhalb der Costa di Viezzana. Von dort stets weiter abwärts zu einer Scharte, 1.985 m. Hier mündet der aus dem Travignolo-Tal kommende Weg Nr. 659 ein, welchem wir nun wieder ansteigend zum Monte Mulat folgen. In leichter Kammwanderung auf Weg 659 Richtung Südwesten und zuletzt über Kehren zum »Maso del Pinzan« und weiter nach Predazzo, von wo wir per Bus zurück nach Moèna gelangen.

Wanderungen und Bergtouren im Gebiet der Palagruppe

60 **Wanderung:** San Martino di Castrozza – Laghi del Colbricon, 1.922 m – Passo di Rolle

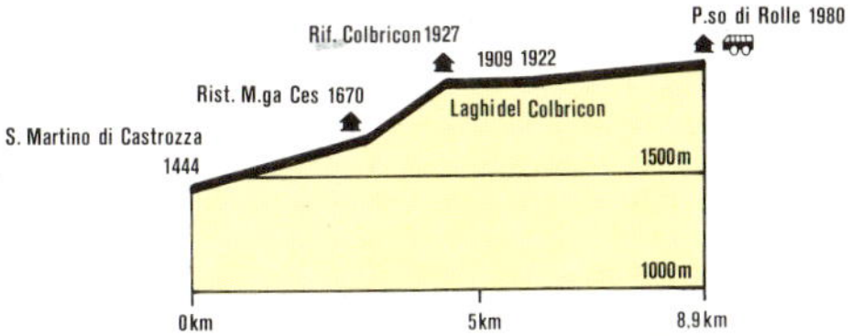

Ausgangspunkt: San Martino di Castrozza
Parken: bei Brücke im Ortszentrum
Höhenunterschied: 530 m
Wanderzeit: 3½ Std.

Schwierigkeitsgrad: leicht!
Einkehr: Malga Ces, Rif. Colbricon (nur im Hochsommer), am Passo di Rolle

Tourenverlauf: In S. Martino beginnt kurz westlich der Brücke die »Via Dolomiti«. Diese hinauf und nach wenigen Metern scharf links, dann befinden wir uns am Zufahrtsweg zum Rist. Malga Ces. Der geschotterte Weg kann zwischendurch über Waldwege abgekürzt werden. Von der Malga Ces über die westlich der Hütte befindliche breite Skiabfahrt hinauf (z. T. steil) bis zu einem Wegweiser. Nun entweder geradeaus durch das schöne Val Bonetta oder bei Nebel besser links noch ein Stück über die Skipiste und nach etwa 100 m in einen nach rechts abzweigenden Weg, der den Hang des Colbricon quert. (Bei schlechter Sicht besteht im Val Bonet-

◀ Baita Segantini mit Cimon della Pala, 3.184 m

ta wegen zahlreicher Wegverzweigungen die Gefahr, vom Weg abzukommen.) Zuerst mäßig, später steiler werdend gelangen wir in Serpentinen zum Passo del Colbricon, wo wir scharf rechts abzweigen. Vorbei an Resten von Kriegsbauten erreichen wir die beiden malerisch gelegenen Seen und die Schutzhütte. Auf dem deutlich markierten Weg nach NO, zuerst durch lichten Wald, später über Almweiden nun zur Malga Rolle. Von dort entlang der Paßstraße hinauf zur Paßhöhe und per Bus zurück nach San Martino di Castrozza.

61 **Höhenwanderung:** Passo di Valles – Rifugio Mulàz, 2.571 m – Val di Venegiotta – Passo di Valles

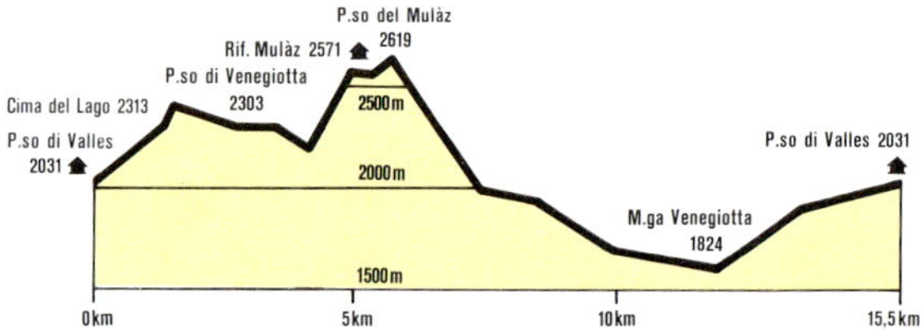

Ausgangspunkt: P.so di Valles
Parken: an der Paßhöhe
Höhenunterschied: ca. 900 m
Wanderzeit: 7 Std.

Schwierigkeitsgrad: mittel! Nur für konditionsstarke Geher!
Einkehr: Rif. Mulàz

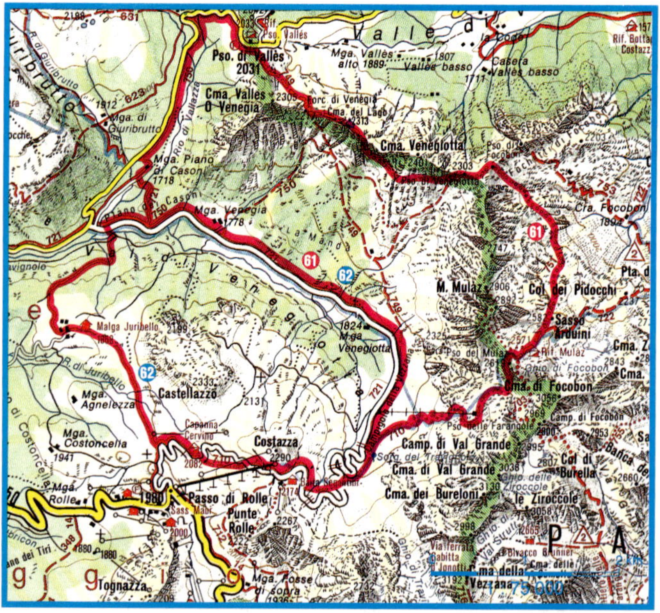

Tourenverlauf: Vom Passo di Valles auf dem Dolomiten-Höhenweg 2 nach Süden (auch Mark. 749) und in Kehren hinauf zur Forcella di Venegia mit bereits herrlicher Aussicht nach Süden zum imposanten Cimon della Pala. Nun folgen wir dem Weg 751 weiter aufwärts, am Gipfel der Cima del Lago rechts vorbei und durch die Südflanke der Cima Venegiotta leicht abwärts zum Passo di Venegiotta, 2.303 m. Von dort steil nach Osten hinauf und kurz eben weiter, später steil nach rechts abwärts und dann wieder hinauf zu einer ersten Ostflanke des Monte Mulàz. Nun auf Weg 751 durch das obere Val Focobon und durch eine Mulde steil empor bis zu einem Wiesenplatz mit herrlicher Sicht auf den Campanili dei Lastei. Erneut hinauf zu einer Scharte in einem weiteren Ostausläufer des M. Mulàz und von dort weiter zum bereits sichtbaren Rif. Mulàz. Nach gemütlicher Rast nach Westen hinauf zum Passo del Mulàz, dem höchsten Punkt unserer Route. Auf aussichtsreichem, jedoch steilem Weg in vielen Kehren hinunter ins Val di Venegiotta, wo wir auf eine Forststraße stoßen, die zur Malga Venegiotta und weiter talauswärts führt. Kurz vor dem Talausgang benützen wir rechts einen Waldsteig mit der Markierung 721 und gelangen auf die Zufahrtsstraße zum Passo di Valles. Zum Ausgangspunkt auf der Paßstraße oder per Autostop.

62 **Rundwanderung:** Baita Segantini – Malga Juribello – Val di Venegiotta – Baita Segantini

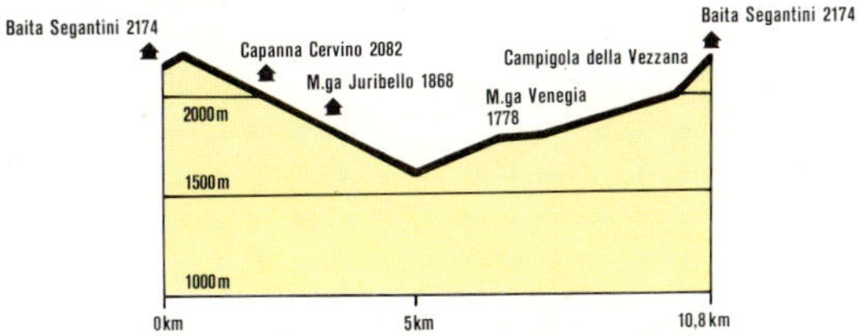

Ausgangspunkt: Baita Segantini
Parken: bei der Hütte bzw. Talstation des Sesselliftes
Höhenunterschied: 430 m

Wanderzeit: 3½ Std.
Schwierigkeitsgrad: leicht!
Einkehr: Capanna Cervino, Malga Juribello, Baita Segantini
Karte: siehe Seite 112

Tourenverlauf: Für viele ist die Segantini-Schutzhütte die schönstgelegene der Dolomiten; dies und ihre günstige Lage nördlich des imposanten Pala-Nordzuges haben sicher zu ihrer hohen Besuchsfrequenz in der Hochsaison beigetragen, daher mag ein Aufstieg zu Fuß oder per Sessellift vom Rollepaß aus Parkplatzgründen ratsamer sein. Über die Schotterstraße abwärts beginnen wir Richtung Westen unsere Rundwanderung, passieren die Capanna Cervino und zweigen wenig später in den beschilderten Weg zur Malga Juribello nach rechts ab. Über weitläufige Almwiesen, stets in sanftem Gefälle nach Norden, erreichen wir die herrlich gelegene Hütte. Wenige Meter nach Westen zum Zufahrtsweg und bald darauf an Almhütten vorbei nach rechts auf markiertem Weg weiter nach Piano dei Casoni am Talausgang des Val di Venegiotta. (Hier kann ebenfalls ein Ausgangspunkt für diese Tour gewählt werden!) Auf der seit einiger Zeit wieder für KFZ gesperrten Schotterstraße taleinwärts hinauf zur Malga Venegiotta mit dem herrlichen Hintergrund der nördlichen Palagipfel. In Kehren weiter der Straße entlang aufwärts oder auch mit Abkürzungen hinauf zum Passo Costazza und zu unserem Ausgangspunkt bei der Baita Segantini.

63 **Höhenwanderung:** Bar Col Verde – Malga Fosse di Sopra – Baita Segantini

Ausgangspunkt: San Martino di Castrozza
Parken: Talstation Sessellift Col Verde
Höhenunterschied: 230 m
Wanderzeit: 3 Std.
Schwierigkeitsgrad: mittel!
Einkehr: Bar Col Verde, Malga Fosse, Baita Segantini
Karte: siehe Seite 111

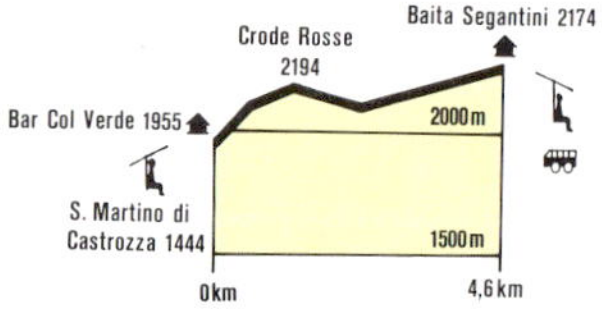

Cima della Vezzana, 3.192 m und Cimon della Pala, 3.184 m

Tourenverlauf: Hinter der Bergstation des Sesselliftes beginnt der Bergweg mit Markierung 712. Auf einem deutlich sichtbaren Steig steigen wir einen Grashang mittlerer Steilheit hinauf. Nach einiger Zeit macht der Weg eine stärkere Linksbiegung, und wir befinden uns nun auf einem Abschnitt mäßiger Steilheit; zuletzt ziemlich eben gelangen wir zur »Crode Rosse«, 2.194 m. Hier bekommen wir Aufschluß in den Aufbau der Dolomiten mit den steil abfallenden Sandsteinformationen. Der folgende kurze, jedoch steile Abstieg erfordert etwas Trittsicherheit, ist jedoch rasch üerwunden und wir befinden uns wieder auf einem fast ebenen Höhenwegabschnitt, der nun bequem am Fuß der steilen Wände des Cimon della Pala entlangführt, wo wir nach einiger Zeit auch bereits die Malga Fosse erblicken. Der letzte Abschnitt ab Malga Fosse umrundet in erneut steilerem Anstieg nochmals die Westseite des Pala-»Vorpostens« Punte Rolle, bis wir die Baita Segantini erreichen, wo wir mit dem Sessellift zum Passo di Rolle und weiter per Bus nach S. Martino zurückkehren können.

64 **Höhenrundwanderung:** Umrundung der »Pala di San Martino«

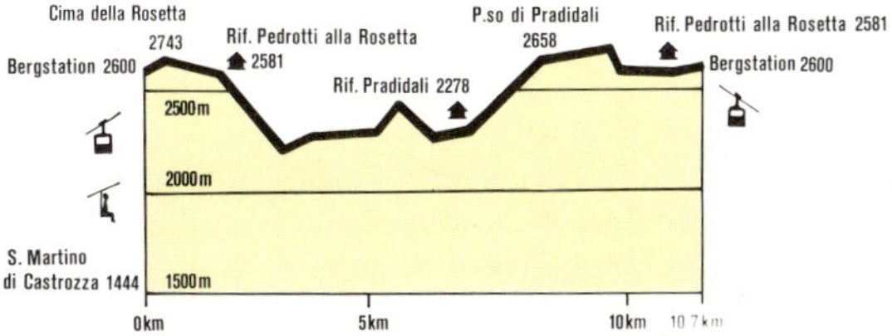

Ausgangspunkt: San Martino di Castrozza
Parken: Talstation Sessellift Col Verde
Höhenunterschied: (ohne Seilbahnauffahrt) 470 m

Wanderzeit: 6 Std.
Schwierigkeitsgrad: mittel!
Einkehr: Rif. Pradidali, Rif. Predrotti alla Rosetta

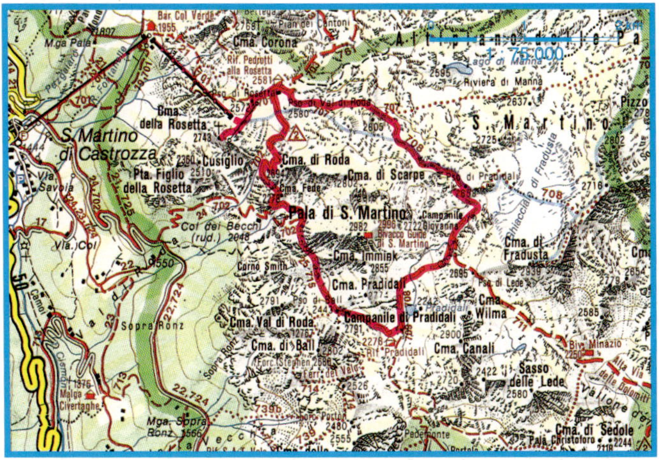

Tourenverlauf: Diese Höhenwanderung ist eine zweifellos beeindruckende Durchquerung des »Felsenmeeres« der Pala-Hochfläche und nur bei wirklich schöner Witterung empfehlenswert. Zuerst mit dem Col Verde-Sessellift und weiter mit der Rosetta-Seilbahn in beeindruckender Fahrt hinauf zur Bergstation. Von hier aus ist wegen der herrlichen Aussicht ein unschwerer Abstecher auf die markante Cima della Rosetta, 2.743 m, lohnend. Danach auf bezeichnetem Weg nach Osten zur Pedrotti-Schutzhütte. Auf dem deutlich markierten DHW 2 nun nach Süden und über Geröll zu einer Scharte zwischen Cima della Rosetta und Cima di Roda, dann weiter in zahlreichen Kehren hinab. Unter der aufragenden Felswand der Cima di Roda südwestwärts vorbei und aufwärts zu begrastem Gelände am Fuß eines mächtigen Felsrückens der Pala di San Martino. Von dort leicht abwärts nach Süden und auf einem kurzen, seilgesicherten, etwas Trittsicherheit erforderlichen Abschnitt weiter. Wieder stärker ansteigend hinauf zum Passo di Ball, wo imposante Felsgebilde der südlichen Palagruppe sichtbar werden. In wenigen Minuten gelangen wir von hier zum Rif. Pradidali mit gemütlicher Rast und Einkehr. Wir folgen nordostwärts der Markierung 708/709, passieren den kleinen Lago Pradidali und wandern stetig inmitten prächtiger Felslandschaft aufwärts zu einer Weggabelung. Hier links ab und z. T. stark ansteigend hinauf zum Passo Pradidali. Nun steiler abwärts über z. T. ganzjährig vorhandene Schneefelder. Ab einer Weggabel, wo wir uns erneut links halten, ziemlich eben bis leicht fallend zum Rif. Pedrotti alla Rosetta und mittels Seilbahn zurück zum Ausgangspunkt.

65 **Talwanderung:** Laghetto Welsperg – Rif. Baita La Ritonda, 1.186 m

Ausgangspunkt: Tonadico
Parken: beim Laghetto Welsperg
Höhenunterschied: 150 m
Wanderzeit: 1 Std.
Schwierigkeitsgrad: leicht!
Einkehr: Rif. Baita La Ritonda, Cant del Gal

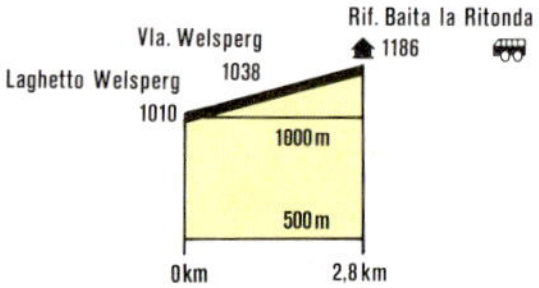

Tourenverlauf: Diese Wanderung führt zwar auf einer Route, die auch mit PKW befahrbar ist, bietet sich jedoch als Spaziergang inmitten einer beeindruckenden Umgebung in der südlichen Pala-Gruppe an, besonders auch im Frühjahr oder Herbst, wo Wege in höheren Lagen noch nicht bzw. nicht mehr gut begehbar sind. Fährt man mit dem Auto von Tonadico Richtung Passo Cereda, fällt die hoch auf einem Felsen gelegene Ruine von Castelpietra auf. Nur kurz dahinter (Straßenabzweiger nach links) liegt der malerische kleine Laghetto Welsperg, in dem sich die Gipfel der Palagruppe spiegeln. Gemütlich spazieren wir nun auf kleinen Pfaden, meist rechts der Straße bzw. entlang dieser, taleinwärts. Bis zur Abzweigung an der Ponte Piazmador verläuft der Weg ziemlich eben, danach steigt er ständig an, bis wir die in einer Waldlichtung gelegene Weggabelung (links ins Val Pradidali, rechts ins Valle dei Canali) erreichen, wo sich auch die beiden Einkehrmöglichkeiten befinden. Für die Rückkehr besteht Busverbindung, ansonsten Kombination mit Tour Nr. 66.

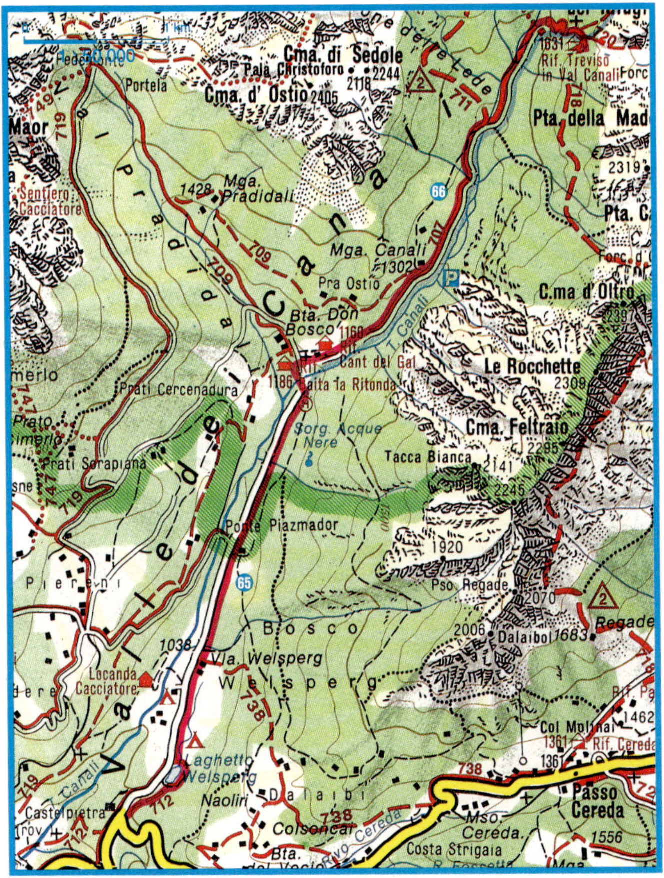

66 **Talwanderung:** Rifugio Cant del Gal – Rifugio Treviso in Val Canali, 1.631 m

Ausgangspunkt: Weggabelung bei der Cant del Gal
Parken: bei den Gastlokalen
Höhenunterschied: 470 m
Wanderzeit: 1½ Std.
Schwierigkeitsgrad: leicht!
Einkehr: Rif. Treviso in Val Canali
Karte: siehe Seite 117

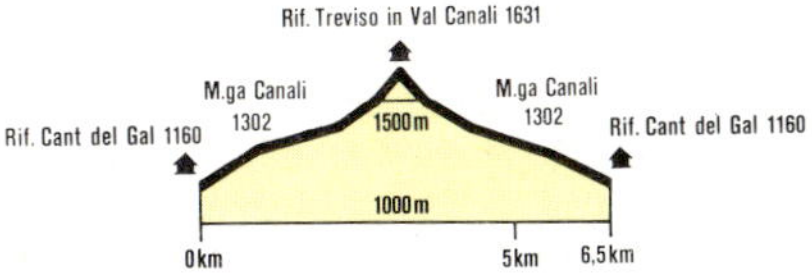

Tourenverlauf: Diese Wanderung durch das waldreiche innere Valle dei Canali kann mit Tour 65 zu einer schönen Tageswanderung oder mit Tour Nr. 65 und 67 zu einer Zweitagestour mit Nächtigung im Rif. Treviso in Val Canali verbunden werden. Bei der Weggabelung im Valle dei Canali halten wir uns an den rechts abzweigenden Fahrweg, wo sich auch das Rifugio

Cant del Gal befindet. Nach einem kurzen Stück passieren wir eine Schranke. Begleitet vom Rauschen des Torrente Canali wandern wir ziemlich eben bis mäßig ansteigend taleinwärts. Im oberen Talbereich mündet von links der Weg 711, kommend vom Passo di Lede, ein. Danach überqueren wir den Bach und wandern an der rechten Talseite weiter und auf einem nun steiler werdenden Waldweg aufwärts. Wir gelangen zu einer weiteren Weggabelung, wo die Hauptroute des DHW 2 von links einmündet. Über zahlreiche Kehren nach rechts durch Wald empor, bis wir zum Rif. Treviso in Val Canali gelangen. Rückweg wie Aufstiegsweg.

67 **Bergwanderung:** Rifugio Treviso in Val Canali – Forcella d'Oltro, 2.094 m – Passo Cereda

Ausgangspunkt: Rif. Treviso
Höhenunterschied: Aufstieg 600 m, Abstieg 850 m
Wanderzeit: 4½ Std.
Schwierigkeitsgrad: mittel!
Einkehr: am Passo Cereda
Karte: siehe Seite 119

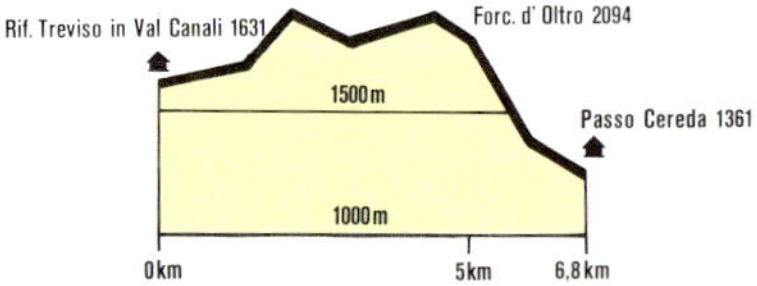

Tourenverlauf: Zählte das hier beschriebene Gebiet vor wenigen Jahren noch zu den unbekannten Wandergebieten, so hat die wegmäßige Erschließung doch zu einer stärkeren Frequenz von Wanderern in diesem Bereich geführt. Trotz allem wird man im Bereich des Cereda-Passes weniger Zulauf als in den klassischen Dolomitenbereichen vorfinden. Wie bei Tour 66 beschrieben, gelangen wir zum Rif. Treviso in Val Canali. Hier benutzen wir nun den Weg 718, auf dem wir in ständiger Querung der östlichen Valle-dei-Canali-Talseite zuerst zu einer Wiese gelangen. In abwechslungsreicher, jedoch z. T. steiler Bergwanderung nun durch Latschen und zwischen Schrofen in Kehren hinauf zur Forc. d'Oltro, wo wir eine weitläufige Rundsicht zu den im Süden gelegenen, unbekannteren Gruppen der Feltriner Dolomiten genießen. Kurz nach Norden steil hinunter und nach einem Rechtsbogen in Querung eines Wiesenhanges unter der Cima d'Oltro vorbei und erneut steiler aufwärts zu einer Schulter. Weiter im Auf und Ab unter dem Hauptkamm von Le Rocchette und Cima Feltraio entlang. An bizarren Felsgestalten vorbei talwärts und vor einer verlassenen Hütte links hinunter, bis wir auf einen Karrenweg stoßen. Wir folgen diesem talwärts zu den ersten Alm- und Wochenendhäuschen des Cereda-Passes. Von hier entweder Mitfahrmöglichkeit oder zu Fuß querfeldein nach Westen in ca. 45 Minuten nach Castelpietra und zum Laghetto Welsperg, wo eine Busverbindung nach Fiera di Primiero besteht.

68 **Bergwanderung:** Passo Cereda – Passo del Palughet, 1.910 m – Mattiuzzi – Passo Cereda

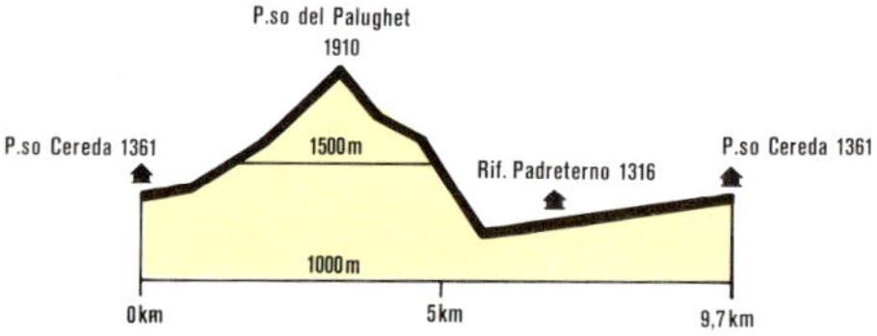

Ausgangspunkt: P.so Cereda
Parken: beim Rif. Cereda
Höhenunterschied: 800 m

Wanderzeit: 3½ Std.
Schwierigkeitsgrad: mittel!
Einkehr: Rif. Padreterno, Rif. Cereda

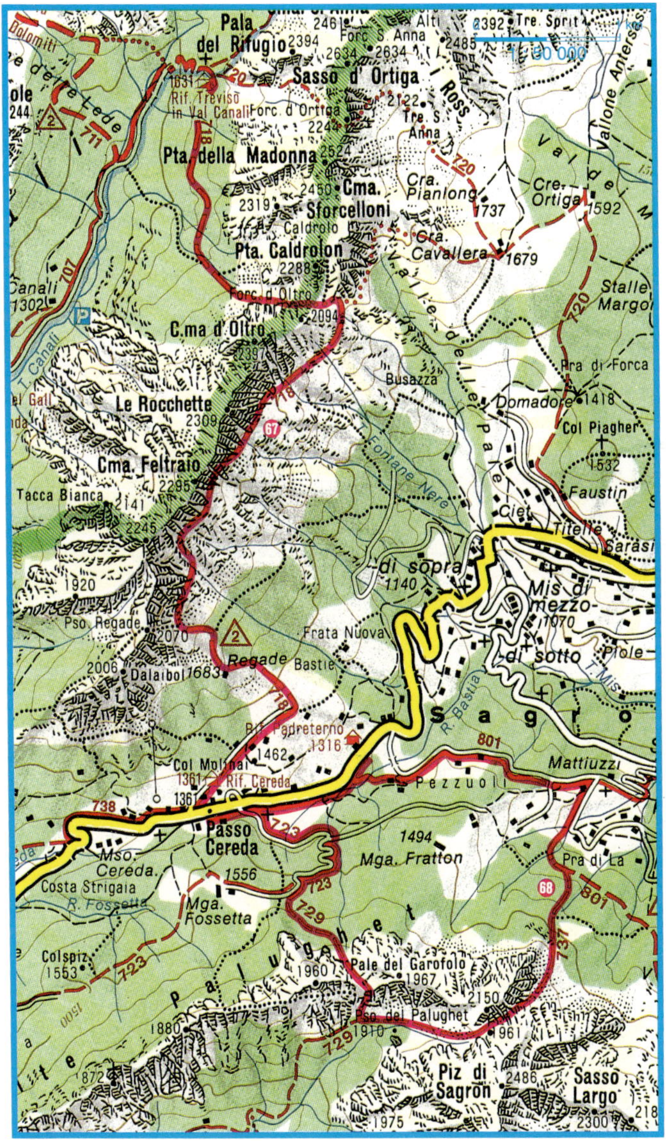

Tourenverlauf: Diese Tour berührt eine wirklich noch wenig bekannte Dolomitenlandschaft und ist sicher hervorragend für Genießer ruhiger, beschaulicher Bergerlebnisse geeignet. Gegenüber dem Rif. Cereda beginnt eine Forststraße, welche zwar auch per KFZ befahrbar wäre, jedoch wegen ihres Zustandes sicher besser als Fußweg geeignet ist. Über zahlreiche Kehren windet sich diese (bei Wegteilung rechts bleiben) durch den Wald hinauf. Kurz vor Erreichen der Malga Fossetta (idyllische Waldlichtung) zweigt links als Fortsetzung unserer Route der markierte Weg 729 ab, welcher zuerst über Kehren nach Osten und durch eine Rinne und einen steilen Grashang hinauf zum Passo Palughet führt, wo sich uns ein unerwarteter Ausblick in die imposante Welt der im Süden gelegenen Cimonega-Gruppe bietet. Über Felssteige nun nach Süden in den Talschluß des Val Giasinozza und nach links wieder hinauf in eine Einsattelung unterhalb des Piz di Sagron. Auf dem Wanderweg 737 erst über Geröll und Schrofen, später durch Wald talwärts, bis wir auf den von rechts einmündenden DHW 2 stoßen. Von einer Wiese herrlicher Blick nach Norden zum Monte Agner! Durch einen Graben gelangen wir zum Weiler Mattiuzzi. Von dort auf einem Fahrweg zur Cereda-Paßstraße und zum Rif. Padreterno. Entlang der Asphaltstraße in 10–15 Min. zurück zur Paßhöhe.

69 **Talwanderung:** Col di Prà – Bivacco Dordei, 1.370 m

Ausgangspunkt: Col di Prà im Valle San Lucano
Parken: Bar »Al Cacciatore«
Höhenunterschied: 530 m
Wanderzeit: 2 Std.
Schwierigkeitsgrad: leicht!
Einkehr: 2 kleine Gaststätten in Col di Prà

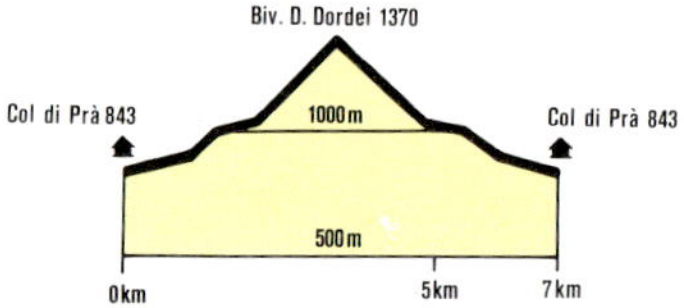

Tourenverlauf: Selbst manchem langjährigen Dolomitenfreund mögen die in dieser Tour vorkommenden Ortsnamen fremd klingen, so wenig bekannt ist dieses Agordino-Seitental, das Valle di San Lucano, welches an seinem Talschluß Ausgangspunkt dieser Route ist. Mit PKW wird dieses, wenige km nördlich von Agordo abzweigende Tal über eine Asphaltstraße bequem erreicht. Gegenüber der Bar »Al Cacciatore« zweigt ein kleiner Seitenweg nach Südwesten ab. An den letzten Häusern Col di Prà vorbei sowie bald darauf über einen Bach und schon befinden wir uns auf dem Weg ins Valle di Angheràz, welches an der Ostseite von den ehrfurchteinflößenden Wänden des Monte-Agner-Massivs hoch überragt wird, mit ca. 1.500 m Höhenunterschied der längsten durchgehenden Kletteretappe der Dolomiten. Parallel zum T. Tegnàs führt unser Weg Nr. 767 durch Wald bald steiler werdend hinauf, bis wir zu einer weitläufigeren Wiese bei der Casera d'Angheràz bassa gelangen, wo die Route nun flacher weiterverläuft. Nun weiter nach Süden über das z. T. bereits ausgetrocknete Bachbett, im letzten Bereich wieder mit stärkerer Steigung, bis wir zum Bivacco Dordei gelangen, welches zwar unbewirtschaftet ist, jedoch durch seine wilde Hochgebirgsumgebung in beeindruckender Lage angelegt ist. Nach einer gemütlichen Rast, bei der wir die umliegende Bergwelt betrachten, geht es am gleichen Weg wieder zurück nach Col di Prà.

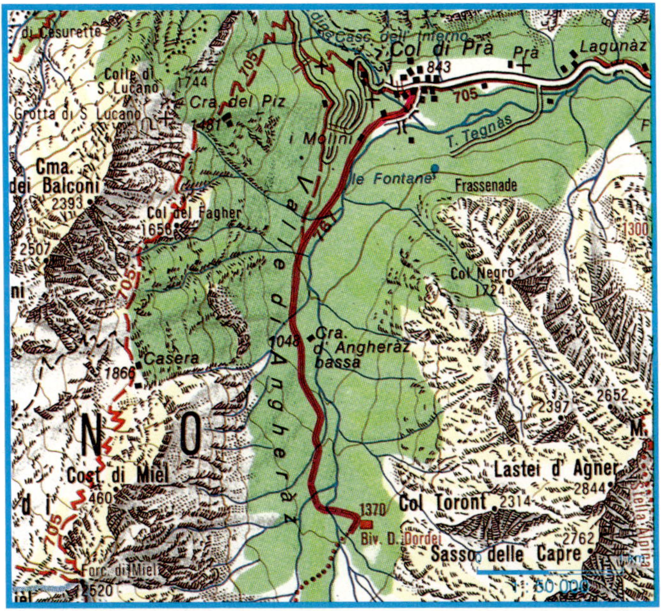

70 **Bergwanderung:** Valle di Garès – Monte Pallalada, 1.973 m

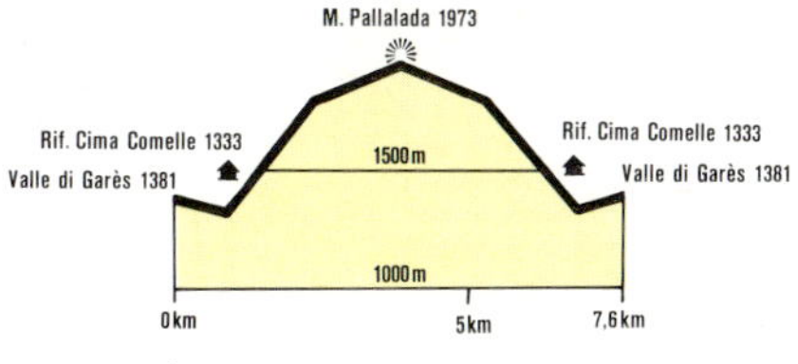

Ausgangspunkt: Valle di Garès
Parken: Rif. Cima Comelle
Höhenunterschied: 640 m
Wanderzeit: 3½ Std.

Schwierigkeitsgrad: mittel! Trittsicherheit erforderlich!
Einkehr: Rif. Cima Comelle

Tourenverlauf: Zu Unrecht gehört auch das Valle di Garès manchmal zu den »vergessenen« Dolomitentälern, welches mit dem Fahrzeug im Cordevoletal bei Cencenighe und später bei Canale d'Agordo abzweigend erreicht werden kann. Vor allem das Rif. Cima Comelle ist ein herrlich gelegener, zentraler Ausgangspunkt für viele Touren in der Palagruppe, aber auch die nähere Umgebung der Hütte hat Schönes zu bieten, u. a. einen über einen Geländeabbruch des Valle Comelle herabstürzenden Wasserfall. Unsere Tour beginnt auf dem gut bezeichneten, nach Osten führenden Wanderweg, der zuerst über einen Wiesensteig, neben einem Bächlein, sanft aufwärts führt, bald jedoch in einen steilen Waldpfad übergeht,

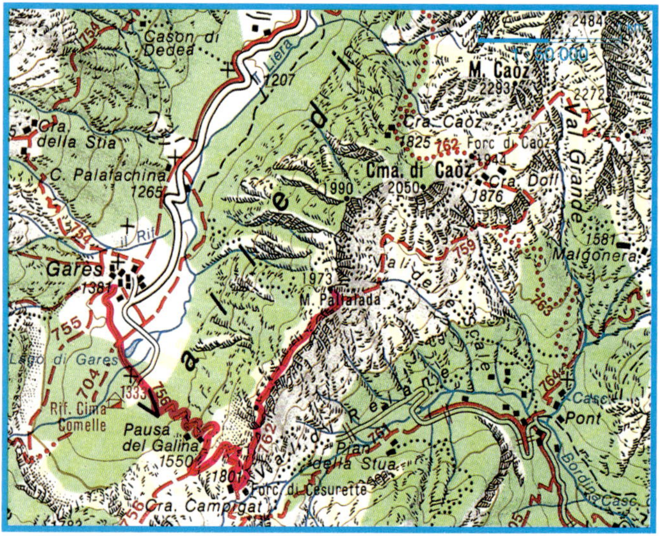

der in teilweise engen Kehren über einen Hang hinaufführt, welcher bei Almhütten an der inzwischen bereits aussichtsreichen Forc. di Cesurette in eine Weggabelung mündet. Wir wenden uns nun scharf nach links in den Weg 762, der über Steigspuren über den manchmal recht schmalen Südkamm des Monte Pallalada hinaufführt. Über verschiedene kleinere Erhebungen in z. T. ausgesetzter Wanderung nordwärts, zuletzt weglos nach Norden zum Gipfel. Herrlicher Blick nach SW und SO zur Pala-Gruppe und dem mächtigen Monte Agner. Abstieg wie Aufstiegsweg.

Eine Bitte:
Nimm Deine
Abfälle
wieder mit nach Hause!

Kurzübersicht Dolomitenhöhenwege

Dolomitenhöhenweg Nr. 1

1. Tag: Pragser Wildsee, 1.500 m – Pederú, 1.543 m (6½ Std., leicht!):
Vom Südende des Pragser Wildsees hinauf zum Nabiges Loch und über den Passo Porto zur Seekofelhütte, 2.327 m. Auf leichtem Weg hinab zur Senneshütte, 2.122 m und weiter auf einem Fahrweg ins Rautal zur Pederúhütte.

2. Tag: Pederú, 1.543 m – Rifugio Monte Lagazuoi, 2.752 m (7½ Std., mittel!):
Entweder mit Taxi oder zu Fuß auf bequemem Fahrweg hinauf zur Faneshütte, 2.060 m; leicht aufwärts in südlicher Richtung zum Limojoch, 2.172 m und zum Limosee und zur Einkehr in die Große Fanesalm, 2.104 m. In südlicher Richtung zur Forcella del Lago; steil hinab zum Lago di Lagazuoi, 2.180 m und dann wieder aufwärts zum Rifugio Monte Lagazuoi. (Variante über Monte Castello wesentlich schwieriger!)

3. Tag: Rifugio Monte Lagazuoi, 2.752 m – Rifugio Croda da Lago, 2.046 m (Rif. Palmieri) (7 Std., leicht!):
Per Seilbahn vom Monte Lagazuoi hinab zum Passo Falzarego. Über die vielbegangene Route über die Forcella Nuvolao zum Rifugio Averau, 2.416 m und dann ostwärts zum Rifugio Cinque Torri, 2.137 m. Hier ostwärts durch einen Graben und über die Passo-Giau-Straße ins Valle Formin. Über den Nordrücken der Cima Cason di Formin zum Lago Fedèra mit dem Rifugio Palmieri. (Variante über Rifugio Nuvolau und Passo Giau kürzer, doch schwieriger!)

4. Tag: Rifugio Corda da Lago Palmieri, 2.046 m – Rifugio A. Sonio al Coldai, 2.135 m (7 Std., leicht!):
Vom Rifugio südwärts hinauf zur Forcella Ambrizzola, 2.277 m; über Almgelände hinunter zum Rifugio Cittá di Fiume, 1.918 m. Über die Forcella Staulanza an der Westseite des Monte Pelmo südwärts zum Col di Crepe und hier westwärts quer durch das obere Val Zoldana und über eine Naturstraße hinauf zur Forcella d'Alleghe und dann steiler in südwestlicher Richtung zum Rifugio A. Sonino al Coldai.

5. Tag: Rifugio A. Sonio al Coldai, 2.135 m – Passo Duran, 1.601 m (8 Std., mittel!):
An den Civetta-Wänden vorbei südwestlich über die Forcella und Cason di Col Rean, dann abwärts zum Rifugio Vazzoler, 1.714 m. Über einzelne schwierigere Passagen in einem Südostbogen um die Moiazza zum Rifugio Carestiato, 1.850 m und hinunter zum Rifugio Passo Duran (Einkehr- und Nächtigungsmöglichkeiten).

6. Tag: Passo Duran, 1.601 m – Rifugio Pramperet, 1.857 m (5 Std., leicht!):
Ein Stück über die Paßstraße nach Südwesten und in einer Rechtskurve links ab. Über die Schutthalden der Tamergruppe zur Malga Moschesin, 1.800 m und östlich über die Forcella Moschesin zum Rifugio Pramperet.

7. Tag: Rifugio Pramperet, 1.857 m – Bivacco Bocco Marmol, 2. 266 m (7 Std., schwierig!):
Ausweichrouten zu dieser Tour möglich, doch länger! Vom Rifugio Pram-

peret zuerst kurz west-, dann südwärts hinauf zur Forcella Sud dei Van de Cittá. Im Auf und Ab zur Casonet de Nerville (von hier Varianten wählen). Direktroute dann über Kletteretappen hinauf zum Bivacco Bocco Marmol.

8. Tag: Bivacco Bocco Marmol, 2.266 m – Rifugio 7. Alpini, 1.491 m – Belluno ($5^1/_2$ Std., schwierig!):
Über die schwierige Schiara-Südwand (Schwierigkeitsgrad I!) hinab zum Rifugio 7. Alpini. In teilweise steiler Wanderung ins Val Ardo und talauswärts nach Süden zum Endpunkt des Dolomitenhöhenweges 1 in Belluno.

Passo Falzarego mit Nuvolau, 2.648 m

Dolomitenhöhenweg Nr. 2

1. Tag: Brixen, 561 m – Plosehütte, 2.447 m – Schlüterhütte, 2.297 m ($4^1/_2$ Std., mittel!):
Mit Seilbahn und Sessellift von Brixen bis zur Plosehütte. Hinab zur Lüsnerscharte, 2.383 m, und südlich der Pfannspitze zur Halslhütte. Entlang der Straße nach Osten und dann rechts ab hinauf zur Peitlerscharte, 2.361 m. Hier nach Süden zum Kreuzkofeljoch, 2.344 m und zur Schlüterhütte.

2. Tag: Schlüterhütte, 2.297 m – Grödner Joch, 2.137 m (8 Std., schwierig!):
Weglos hinauf nach Süden zum Bronsoi-Nordfuß und über eine Steiganlage zum Bronsoijoch. Hinunter nach Westen zum Kreuzjoch. Nach Süden hinauf zur Forcella de la Roa, 2.616 m. Kurz südlich talwärts und dann nach Osten steil hinauf zur Sella Nivea (leichte Kletterei!). Östlich hinunter zur Puezhütte, 2.475 m. Über imposantes Felsgelände nun über Ciampaijoch und Cirjoch hinunter zum Grödner Joch.

3. Tag: Grödner Joch, 2.137 m – Boèhütte, 2.873 m – Pordoijoch, 2.242 m (5 Std., mittel!):
Vom Grödner Joch ostwärts und durch das Val Settus ins Sellamassiv zur Pisciaduhütte, 2.587 m. Vorbei an gewaltiger Felsszenerie hinauf zur Boèhütte. Weiter zum Sass Pordoi und mit der Seilbahn hinab zum Pordoijoch.

4. Tag: Pordoijoch, 2.242 m – Malga Ciapela, 1.446 m (4½ Std., leicht!):
Über den berühmten »Bindelweg« vom Pordoijoch nach Süden und dann nach Osten zum Rifugio Marmolada am Fedaiapaß, 2.054 m. Am Südufer des Stausees nach Osten und über die Paßstraße bzw. Abkürzungen zum Talort Malga Ciapela.

5. Tag: Malga Ciapela, 1.446 m – Passo di S. Pellegrino, 1.919 m – Passo di Valles, 2.031 m
(6½ Std., leicht!):
Über das Val Pettorina in Süd-West-Richtung hinauf zur Forca Rossa. Hinab zum Rifugio Fuchiade und auf bequemem Weg zum Passo di S. Pellegrino. Hinauf zum Felsgelände der Zingari Alti, dann wieder auf bequemem Weg zum Rifugio Passo Valles, 2.033 m.

6. Tag: Rifugio Passo Valles, 2.033 m – Rifugio Mulàz, 2.571 m – Rifugio Pedrotti alla Rosetta, 2.581 m (7½ Std., schwierig!):
In beeindruckender Kammwanderung nach Südost zum Passo di Venegiotta, 2.303 m. Auf Weg 751 zum Rifugio Mulàz. Hinauf zum beeindruckend gelegenen Passo di Focobon. Über ständige Kletterpassagen hinüber ins obere Valle delle Comelle über den »Sentiero delle Farangole« zum Rifugio Pedrotti alla Rosetta.

Rifugo Pedrotti alla Rosetta, 2.581 m

7. Tag: Rifugio Pedrotti alla Rosetta, 2.581 m – Rifugio Pradidali, 2.278 m – Rifugio Treviso in Val Canali, 1.631 m (5½ Std., mittel!):
Großartige Durchquerung der Pala-Gruppe! Über gut markierte Steige südwärts zum aussichtsreichen Passo di Ball, 2.443 m. Hinunter zum Rifugio Pradidali. Über weitläufiges Felsgelände hinauf zum Passo di Lede und Bivacco Minazio, 2.250 m. Hinunter ins Valle dei Canali und erneut ein Stück aufwärts zum Rifugio Treviso in Val Canili.

8. Tag: Rifugio Treviso. 1.631 m – Rifugio Cereda, 1.361 m (5 Std., mittel!):
Hinauf zur Forcella d'Oltro in Val Canali, 2.094 m und in südwestwärts führender Wanderung unterhalb von Le Rocchette zuerst auf und ab, dann talwärts zum Rifugio Cereda.

9. Tag: Rifugio Cereda, 1.361 m – Rifugio Bruno Boz, 1.718 m (7½ Std., schwierig!):
Über die Paßstraße ostwärts und dann nach rechts über Matiuzzi zur Forcella di Comedon und zum Bivacco Feltre Walter Bodo, 1.930 m. Über den großartigen, doch etwas schwierigen »Sentiero dei Caserin« südwärts der Cimonega vorbei zum Passo di Mura, 1.867 m und über ein weiteres kurzes Stück zum Rifugio Bruno Boz.
Über die Paßstraße ostwärts und dann nach rechts über Matiuzzi zur Forcella di Comedon und zum Bivacco Feltre Walter Bodo, 1.930 m. Über den großartigen, doch etwas schwierigen »Sentiero dei Caserin« südwärts der Cimonega vorbei zum Passo di Mura, 1.867 m und über ein weiteres kurzes Stück zum Rifugio Bruno Boz.

10. Tag: Rifugio Bruno Boz, 1.718 m – Croce d'Aune, 1.015 m (9 Std., schwierig!):
Hinauf zum Passo di Finestra und dann Durchquerung der großartigen Piazza del Diavolo z. T. über Sicherungen in südwestlicher Richtung. Nach Süden, zum Rifugio Dal. Piaz und am Weg nach Croce d'Aune. Von hier aus mit Bus oder Mitfahrmöglichkeit nach Feltre.

Dolomitenhöhenweg Nr. 3

1. Tag: Niederdorf, 1.154 m – Dürrensteinhütte, 2.040 m (7 Std., schwierig!):
Über den Putzgraben nach Süden hinauf zur Sarlkofel-Westschulter. Über Sarlsattel zum Sarlriedel. Über die Forcella Valletta und über Steiganlagen zur Nord-West-Schulter des Dürrensteins. Nach Süden über die Dürrenstein Alpe zur Plätzwiese und zur Dürrensteinhütte.

2. Tag: Dürrensteinhütte, 2.040 m – Rifugio A. Bosi al M. Piana, 2.205 m (5½ Std., schwierig!):
Über einen Fahrweg (Markierung 34) hinauf bis zu einem breiten Hochtal westlich der Strudelköpfe. Über gut trassierten ehemaligen Kriegssteig hinab ins Höhlensteintal zum Dürrensee und über den äußerst steilen »Pionierweg« hinauf zur kriegsgeschichtlich interessanten Hochfläche des Monte Piano und zum Rifugio A. Bosi al M. Piana.

3. Tag: Rifugio Bosi al M. Piana, 2.205 m – Rifugio Vandelli al Sorapiss, 1.928 m (6 Std., leicht!):
Über die Zufahrtsstraße nach Süden; über das Val Popena zur Sella di

Popena und zum Passo di Tre Croci, 1.809 m. Durch Wald zuerst nach Süden und über einige leichte Seilsicherungen hinauf zum Rifugio Vandelli.

4. Tag: Rifugio Vandelli al Sorapiss, 1.928 m – Rifugio San Marco, 1.823 m (6 Std., schwierig!):
Vorbei am Lago del Sorapiss, 1.923 m nach Westen und dann hinauf zur Forcella sora la Cengia del Banco. Über die »Via Atrezzata Francesco Berti« (empfehlenswert: eigene Seilsicherung!) nach Südosten zum Bivacco Slataper. Auf unschwierigem Weg hinab zum Rifugio San Marco.

5. Tag: Rifugio San Marco, 1.823 m – Rifugio Venezia/A. M. de Luca, 1.941 m (5½ Std., leicht!):
Über bequemen Karrenweg hinab nach San Vito di Cadore, 1.011 m. Nach Südwesten zum Dorf Sérdes und entlang des Rio Pian de Madier auf leichtem Weg zum Rifugio Venezia/A. M. de Luca im Osten des Monte Pelmo.

Der Monte Pelmo von Norden

6. Tag: Rifugio Venezia/A. M. de Luca, 1.941 m – Rifugio Remàuro, 1.536 m (6 Std., leicht!):
Auf gut markiertem Weg ostwärts zur unbewirtschafteten Talamini-Hütte, 1.582 m. In aussichtsreicher Wanderung nach Südosten zur Westflanke des Monte Rite (Gipfelabstecher empfehlenswert) und über die Kehren der Kriegsstraße hinab zum Rifugio Remàuro.

7. Tag: Forcella Cibiana, 1.530 m – Longarone, 473 m (9½ Std., schwierig!):
Auf gut bezeichnetem Weg nach Süden über die Cima di Copada und dann weiter auf Weg 482 zur Forcella Toanella, 2.160 m mit ihrem steilen

Nordanstieg. (Vorsicht im Frühsommer!) Weiter nach Süden zum Bivacco O. Tovanella, 1.688 m. Leichter Abstieg in das Piavetal nach Longarone. Diese letzte Etappe kann bei ungünstiger Witterung oder zur Erleichterung durch die Variante über die Forcella Sfornioi und das Bivacco Casera Campestrin beträchtlich verkürzt bzw. erleichtert werden; Talort in diesem Fall ist Ospitale di Cadore.

Dolomitenhöhenweg Nr. 4

1. Tag: Innichen, 1.173 m – Drei-Zinnen-Hütte, 2.405 m (5 Std., mittel!):
Per Bus ins Sextental bis zur Lanzinger Säge – auf bequemer Straße ins Innerfeldtal und zur Dreischusterhütte, 1.617 m. Hier nun südwärts (Markierung Dolomitenhöhenweg 4 und 105) hinauf zum Gwengalpenjoch, 2.466 m und hinüber zur Drei-Zinnen-Hütte.

2. Tag: Drei-Zinnen-Hütte, 2.405 m – Auronzohütte, 2.330 m – Rifugio Città di Carpi, 2.080 m (6 Std., mittel!):
Auf bequemem Weg (101) hinauf zum Paternsattel und an der Südwand der Drei Zinnen vorbei zur Auronzohütte. Nun über den Bonacossa-Weg auf zum Teil gesicherten Steiganlagen zum Rifugio F.lli Fonda Savio, 2.367 m. Über den »Sentiero Durissini« zum Rifugio Città di Carpi.

3. Tag: Rifugio Città di Carpi, 2.080 m – Rifugio Vandelli al Sorapiss, 1.928 m (5 Std., leicht!):
Über die Maraia alta hinab zum Rifugio Cristallo im oberen Val d'Ansiei. Ein Stück taleinwärts ins Valbona und danach durch Wald über den Weg 217 hinauf zum prächtig gelegenen Rifugio Vandelli.

4. Tag: Rifugio Vandelli al Sorapiss, 1.928 m – Bivacco E. Comici, 2.020 m – Rifugio San Marco, 1.823 m (7½ Std., äußerst schwierig!):
Vom Rifugio Vandelli al Sorapiss nach Osten und über zahlreiche Kletterpassagen (zum Teil senkrecht) hinauf zum Bivacco E. Comici – über die »Via ferrata C. Minazio« über meist ziemlich ausgesetzte Passagen nach Süden und durch das obere Valle di San Vito zur Einmündung in den Dolomitenhöhenweg 3 und zum Rifugio San Marco.

5. Tag: Rifugio San Marco, 1.823 m – Rifugio Antelao, 1.796 m (7 Std., schwierig!):
Vom Rifugio San Marco über die Forcella Piccola zum Rifugio Galassi. Hier nach Süden Richtung Antelaogletscher und über Kletteretappen hinauf zur Forcella del Ghiacciaio – über weitere Kletterei hinab ins obere Valle Antelao. Auf leichterem Weg über die Forcella Piria, 2.096 m ostwärts zum Rifugio Antelao.

6. Tag: Rifugio Antelao, 1.796 m – Pieve di Cadore 878 m (3 Std., leicht!):
Nach Westen zur Cap. Antracisa, 1.693 m. Über den Monte Tranego, 1.849 m und weiter dem Fahrweg folgend auf vielen Kehren talwärts nach Pozzale und nach Pieve di Cadore.

Dolomitenhöhenweg Nr. 5

1. Tag: Sexten (Dolomitenhof), 1.317 m – Auronzo, 864 m (5 Std., leicht!):
Auf Fahrweg vom Dolomitenhof nach Süden zur Talschlußhütte, 1.548 m. Weiter nach Süden auf gutem Weg hinauf zur Zsigmondyhütte, 2.235 m. Auf gut bezeichnetem Weg steiler hinauf zur aussichtsreichen Forcella Giralba und hinunter zum Rifugio Carducci. Durch das Valle Giralba hinaus nach Auronzo.

2. Tag: Auronzo, 864 m – Rifugio Chiggiato, 1.911 m (7 Std., mittel, einzelne Passagen schwierig!):
Mit der Seilbahn zum Rifugio Monte Agudo, 1.585 m – auf bequemen Wegen hinauf zum Rifugio Ciarido, 1.969 m und weiter zum Rifugio Baion. Unter den Südwänden der Marmarolegruppe nun über prächtigen Höhenweg mit einigen ausgesetzten Passagen zum Rifugio Chiggiato.

3. Tag: Rifugio Chiggiato, 1.911 m – Bivacco Tiziano, 2.246 m – Bivacco A. Musatti, 2.111 m (6 Std., äußerst schwierig!):
Wasser und Vorräte für diese Etappe nötig, da keine Schutzhütte erreicht wird! Nordwärts über den teilweise schwierigen »Sentiero degli Alpini« auf einzelnen ungesicherten Kletterpartien zum Bivacco A. Tiziano. In prachtvoller Höhenwanderung durch das Val Longa westwärts zum Bivacco A. Musatti.

4. Tag: Bivacco A. Musatti, 2.111 m – Bivacco Voltolina, 2.082 m (6½ Std., schwierig!):
Über teilweise ziemlich schwierige Kletteretappen (I +) den Croda-Rotta-Kamm sowie Col-Nero-Kamm überschreitend hinauf zur Forcella di Vanedel, 2.372 m. Über weitere zum Teil schwierige Kletterpassagen ins Val Grande und hinauf ins Val di Mezzo zum Bivacco Voltolina. (Wasserstelle wird kurz vor Erreichen des Bivacco passiert!) Nächtigungsmöglichkeit ohne Bewirtschaftung!

5. Tag: Bivacco Voltolina, 2.082 m – Rifugio Galassi, 2.018 m (4½ Std., im ersten Abschnitt schwierig, dann leicht!):
Vom Bivacco nach Norden und über den Weg 280 links ab. Über einige ausgesetzte Stellen wird der Corno del Doge an dessen Nordseite umrundet; dann geht's südwärts weiter, bis zu der Stelle, an der der Dolomitenhöhenweg 4 einmündet. Auf diesem wie bei Route 4 weiter zum Rifugio San Marco und Rifugio Galassi.

6. Tag: Rifugio Galassi, 2.018 m – Rifugio Antelao, 1.796 m (7 Std., schwierig!):
Identisch mit dem 5. Tag beim Dolomitenhöhenweg 4.

7. Tag: Rifugio Antelao, 1.796 m – Pieve di Cadore, 878 m (3 Std., leicht!):
Identisch mit dem 6. Tag beim Dolomitenhöhenweg 4.

Zur Vollständigkeit sind hier auch noch die restlichen 5 Dolomitenhöhenwege erwähnt, die allerdings zum Großteil außerhalb des in diesem Büchlein angegebenen, geographischen Rahmen, verlaufen; deswegen sind auch nur die wichtigsten Etappenziele genannt.

Dolomitenhöhenweg Nr. 6, von Sappada nach Vittorio Veneto Sappada – Rif. De Gasperi – Rif. Tenente Fabbro – Rif. Giàf – Biv. Granzotto-Marchi – Biv. Perugini – Rif. Pordenone – Biv. Gervasutti – Biv. Greselin – Erto – Biv. Frisacco – San Martino – Rif. Semenza – Vittorio Veneto (Mittlere Begehungsdauer 14 Tage).

Dolomitenhöhenweg Nr. 7, erster Teil: Überschreitung des Col-Nodo/Cavallo-Massivs
zweiter Teil: Von Belluno nach Segusino
Pieve d'Alpago – Rif. Dolada – Biv. Toffolon – Rif. Semenza – Farra d'Alpago – Belluno (6 Tage).
Belluno – Faverghera – Rif. Col. Visentin – Passo di San Boldo – Passo de Praderàdego – Rif. Posa Punèr – Segusino (5 Tage).

Dolomitenhöhenweg Nr. 8, von Brixen nach Salurn
Brixen – Plosehütte – Schlüterhütte – Schlernhaus – Tierser-Alpl-Hütte – Vajolethütte – Gartlhütte – Rosengartenhütte – Paolinahütte – Rif. Torre di Pisa – Eggentaler Alm – Lavazèjoch – Jochgrimm – Kaltenbrunn – Truden – Gfrill – Salurner Berg – Lago Santo – Salurn (13 Tage).

Dolomitenhöhenweg Nr. 9, von Bozen nach Santo Stefano
Bozen – Tiers – Grasleitenhütte – Tierser-Alpl-Hütte – Plattkofelhütte – Sellajoch – Boèhütte – Campolungosattel – Rif. Pralongia – Passo Valparola – Rif. Lagazuoi – Rif. Pomedes – Cortina d'Ampezzo – Rif. Son-Forca – Rif. Col de Varda – Rif. Fonda-Savio – Auronzohütte – Biv. De Toni – Carduccihütte – Rif. Berti – Biv. Piovan – Passo Zovo – Danta di Cadore – Santo Stefano di Cadore (14 Tage).

Dolomitenhöhenweg Nr. 10, von Bozen zum Gardasee
a) Mendelkamm-Überschreitung: Bozen – Andrian – Perdonig – Penegal – Mendelpaß – Überetscher Hütte – Rif. Predàia – Sfruz – Cles
b) Brenta-Durchquerung: Cles – Rif. Peller – Rif. Graffer – Rif. Tuckett – Rif. Brentei – Rif. Pedrotti – Rif. Agostini – Rif. XII Apostoli – Larzana – Preore – Zuclo
c) Traversierung der Val-di-Ledro-Alpen: Zuclo – Malghe Stabio – Rif. Pernici – Pieve di Ledro – Rif. Garda – Magasa – Capovalle – Passo Cavallino – Rif. Pirlo – Trattorio Colomber – Gardone Riviera (18 Tage insgesamt).

Schutzhüttenverzeichnis

Alle Angaben sind ohne Gewähr! Bitte fragen Sie vor Beginn der Tour im Talort nach der Bewirtschaftungszeit!

Cristallo- und Cadinigruppe und Sextener Dolomiten

A. Bosi al Monte Piana, Rif. (Monte-Piana-Haus), 2.205 m, privat, Post: I-32040 Misurina im Sommer, bewirtschaftet und von Weihnachten bis Ostern. Zugang: von Misurina mit Kfz erreichbar (schmales Sträßchen) oder zu Fuß, 1¼ Std. Gipfel: Monte Piana, 2.324 m, ½ Std. (leicht, Kampfgebiet des Ersten Weltkrieges!).

Auronzohütte (Rif. Auronzo), 2.330 m, CAI, Post: I-32041 Auronzo, ganzjährig geöffnet. Zugang: mit Kfz erreichbar (Mautstraße). Übergänge: zur Drei-Zinnen-Hütte (Rif. Locatelli) über den Patternsattel, 1½ Std.; zum Rif. Lavaredo, ¼ Std.; zur Büllelejochhütte, 2 Std.; zum Rif. Fratelli Fonda Savio auf dem Bonacossaweg, 3 Std.

Carducci-Hütte (Rif. Carducci), 2.297 m, CAI, Post: I-39030 Sexten, im Sommer bewirtschaftet. Zugänge: von Giralba, 3½ Std.; von Ligonto, 4 Std.; vom Valle Fiscalina, 3 Std. Gipfel: Pta. dell Agnello, 2.724 m, 2½ Std.; Hochbrunnerschneide, 3.061 m, 3 Std. Übergänge: zur Rotwandwiesen-Hütte, 3 Std.; zum Rif. Zsigmondy-Comici, 1¼ Std.; zum Biv. De Toni, 2 Std.; zum Valle Fiscalina, 3 Std.

Col de Varda, Rif., 2.115 m, privat, Post: I-32040 Misurina, im Sommer und Winter bewirtschaftet. Zugang: von Misurina mit dem Sessellift oder zu Fuß, 1¼ Std. Übergänge: zum Rif. Fratelli Fonda Savio, 2 Std.; zum Rif. Città di Carpi, 2 Std. Gipfel: Pale di Menotto, 2.248 m, 2½ Std.; Monte Campoduro, 2.244 m, 2½ Std.

Città di Carpi, Rif., 2.080 m, siehe Colde Varda, Rif., Fratelli Fonda Savio, Rif., 2.367 m, CAI, Post: I-32041 Auronzo, im Sommer bewirtschaftet. Zugang: von Misurina, 1½ Std. Gipfel: Cima Cadin di San Lucano, 2.839 m, 3 Std. (nur für Geübte!). Übergänge: zur Auronzohütte, 3 Std. (mittel!); zum Rif. Col de Varda, 2 Std.; zum Rif. Città di Carpi, 2 Std.

Lavaredohütte, 2.344 m, privat, Post: I-32041 Auronzo, im Sommer bewirtschaftet. Zugang: von der Auronzohütte (bis dort mit Kfz auf Mautstraße), ½ Std. Übergänge: zur Drei-Zinnen-Hütte, über den Patternsattel, 1 Std.; zur Büllelejochhütte, 1¼ Std.; zum Rif. Zsigmondy-Comici über die Büllelejochhütte, 2 Std. Gipfel: Obere Bachernspitze, 2.675 m, 2 Std.; Paternkofel, 2.746 m, 1¼ Std.

Son Forca, Rif., 2.215 m, privat, Post: I-32043 Cortina d'Ampezzo, im Sommer bewirtschaftet. Zugänge: von Rio Gere nahe des Passo di Tre Croci mit Gondellift; aus dem Val Padeon mit Sessellift; vom Passo di Tre Croci zu Fuß, 1 Std. Übergang: zum Rif. Lorenzi, 2½ Std.

Marmarolegruppe, Sorapiss und Antelao

Antelao, Rif., 1.796 m, CAI, Post: I-32044 Pieve di Cadore, im Sommer bewirtschaftet. Zugänge: vom Val Vallesina, 3½ Std.; von Pozzale, 3 Std. Übergang: zum Rif. Galassi, 6 Std. Gipfel: Croda S. Pietro, 2.259 m, 1½ Std.

Antracisa, Capanna, 1.693 m, privat. Wanderungen siehe Rif. Antelao (20 Min. entfernt).

Ciarido, Rif., 1.969 m, CAI, Post: I-32039 Lozzo di Cadore, im Sommer bewirtschaftet. Zugänge: von Pian de Buoi, ½ Std.; von Lozzo di Cadore, 3½ Std. Übergänge: zum Rif. Baion, 1 Std.; zum Rif. Chiggiato, 3 Std.; zum Rif. Primula, 3½ Std. Gipfel: Col Vidal, 1.880 m, 1 Std.; M. Ciarido, 2.453 m, 2 Std.

Faloria, Rif., 2.123 m, privat, Post: I-32043 Cortina d'Ampezzo, im Sommer und Winter bewirtschaftet. Zugang: Die Hütte liegt an der Mittelstation der Seilbahn Cortina – Tondi di Faloria. Übergänge: zur Vandelli al Sorapiss-Hütte, 2½ Std.; zur Baita Fraina-Hütte, 1¾ Std. Gipfel: Punta Nera, 2.800 m, 2 Std.

Monte Agudo, Rif., 1.585 m, CAI, Post: I-32041 Auronzo, ganzjährig bewirtschaftet. Zugang: mit der Seilbahn erreichbar von Auronzo, 2 Std. Übergänge: zur Marmarolehütte, 2 Std.; zur Ciaridohütte, 2 Std.

Primulahütte, 1.000 m, privat, Post: I-32041 Auronzo, ganzjährig bewirtschaftet. Zugang: mit Kfz erreichbar, von Ponte da Rin, 1 Std. Übergänge: zur Ciaridohütte, 3½ Std.; zur Marmarolehütte,
4½ Std.; zum Fratelli-Fanton-Biwak, 1¾ Std.

San Marco, Rif., 1.823 m, CAI-Sektion Venedig, Post: I-32046 San Vito di Cadore, im Sommer bewirtschaftet. Zugänge: von San Vito di Cadore, 2 Std.; auch von San Vito mit Auto bis zur Baita della Zoppa und dann zu Fuß in 1 Std.; von Chiapuzza über den Pra da Mason, 2½ Std. Übergänge: zum Rif. Galassi, 1¼ Std.; zum Bivacco Voltolina, 3 Std.; zum Bivacco Slataper, 1¾ Std.; zum Bivacco Comici auf dem Klettersteig »Carlo Minazio«, 3 Std. (nur für Geübte!).

Tondi di Faloria, Rif., 2.327 m, privat, Post: I-32043 Cortina d'Ampezzo, im Sommer und Winter bewirtschaftet. Zugang: von Cortina mit der Seilbahn oder zu Fuß in 3 Std. Übergänge: zum Rif. Vandelli al Sorapiss (Sorapisshütte) über die Forcella del Cadin und die Forcella Malquoira, 3 Std. (nur für Geübte!); zum Passo di Tre Croci, 1½ Std.

Vandelli al Sorapiss, Rif. (Sorapisshütte), 1.928 m, CAI, Post: I-32043 Cortina d'Ampezzo, im Sommer bewirtschaftet. Zugang: vom Passo di Tre Croci, 1½ Std. Übergänge: zum Rif. Tondi di Faloria über die Forcella Malquoira und die Forcella del Cadin, 3½ Std. (nur für Geübte!); zum Bivacco Slataper auf dem Klettersteig »Francesco Berti«, 7–8 Std. (nur für Geübte!); zum Bivacco Comici auf dem Klettersteig »Alfonso Vandelli«, 3–3½ Std. (nur für Geübte!).

Sella-, Fanes- und Tofanagruppe

Dibona Angelo, Rif., 2.050 m, privat, Post: I-32043 Cortina d'Ampezzo, im Sommer und Winter bewirtschaftet. Zugang: von der Großen Dolomitenstraße (4 km). Übergänge: zum Rif. Cantore und zum Rif. Camillo Giussani, 1½ Std.; zum Rif. Pomedes auf dem Astaldiweg, 1 Std.; zum Rif. Duca d'Aosta über das Rif. Pomedes, 1½ Std.; zum Rif. Col Druscié, 2¾ Std.; zum Rif. Monte Lagazuoi, 3 Std.

Edelweißhütte, 1.850 m, privat, Post: I-39030 Kollfuschg, im Sommer und Winter bewirtschaftet. Zugänge: mit der Seilbahn von Kollfuschg bis zur Cap. Pradat oder zu Fuß von Kollfuschg, ½ Std. Übergänge: zur Puez-Hütte, 2½ Std.; zum Grödner Joch, 2 Std.; nach Wolkenstein, 7 Std. Gipfel: Sass Songher, 2.265 m, 3½ Std.

Faneshütte, 2.060 m, privat, Post: I-39030 St. Vigil, im Sommer und Winter bewirtschaftet. Zugänge: von St. Vigil mit Kfz bis zum Alpengasthof Pederù, von dort zu Fuß auf dem Fahrweg, 1¾ Std.; vom Wirtshaus Spessa bei Wengen über das Fanesjoch auf Weg 13, 2½ Std.; von Peutelstein durch das Fanestal und über das Limojoch, 4 Std. Übergänge: zum Rif. La Varella, wenige Minuten; zum Wirtshaus Heiligkreuz über die Kreuzkofelscharte, 3½ Std.; zum Rif. Monte Lagazuoi auf dem Dolomitenhöhenweg 1, 4–5 Std. Gipfel: Heiligkreuzkofel, 2.908 m, 3 Std. (mittel!); Antonispitze, 2.654 m, 2½ Std. (mittel!).

Monte Lagazuoi, Rif., 2.752 m, privat, Post: I-32043 Cortina d'Ampezzo, in der Hochsaison geöffnet. Zugang: vom Falzaregopaß mit Seilbahn oder zu Fuß über die Forcella Lagazuoi, 2 Std. Übergänge: zum Falzaregopaß durch die Lagazuoi-Wehrgänge des Ersten Weltkrieges, 2 Std.; zum Rif. Scotoni, 1½ Std. Gipfel: Piccolo Lagazuoi, 2.778 m, in wenigen Minuten. Großartiges Panorama von der Hütte und vom Gipfel.

Pisciadùhütte, 2.587 m, CAI-Sektion Bologna, Post: I-39033 Corvara in Badia, im Sommer bewirtschaftet. Zugänge: vom Grödner Joch, 1¾ Std.; von Kollfuschg, 3 Std. Übergänge: zur Boèhütte, 2 Std.; zum Sellajoch durch das Val Lastiés, 4½ Std. Gipfel: Pisciadù, 2.985 m, 1¼ Std. (leicht!); Sass de la Lùesa, 2.614 m, ½ Std. (leicht!).

Pralongia, Rif., 2.139 m, privat, Post: I-39033 Corvara, im Sommer und Winter bewirtschaftet. Zugänge: von Corvara, 2½ Std. (durch Benützung von Kfz und Sessellift verkürzbar); von St. Kassian, 2¼ Std. Übergang: zum Gasthof Colalto, 1 Std.

Ra Stua, Malga Rif., 1.668 m, privat, Post: I-32043 Cortina d'Ampezzo, im Sommer bewirtschaftet. Zugänge: von Peutelstein (Weg Nr. 6), 2 Std.; vom Alpengasthof Pederù (bis dort mit Kfz), 2¼ Std. Übergänge: zum Rif. Fodara Vedla, 1½ Std.; zur Seekofelhütte, 3 Std. Gipfel: Monte Cadin, 2.367 m; über die Forcella di Lerosa, 2 Std. (mittel!).

Valparola, Rif., 2.168 m, privat, Post: I-39030 St. Kassian, ganzjährig bewirtschaftet. Zugang: auf der Valparolastraße zum Falzaregopaß oder von St. Kassian. Übergänge: zum Rif. Monte Lagazuoi, ¾ Std. (auch mit Kfz); zum Rif. Monte Lagazuoi, 3 Std. Gipfel: Sasso di Stria (Hexenstein), 2.477 m, 1 Std. (leicht!); Monte Castello, 2.369 m, ½ Std. (leicht!); Col di Lana, 2.462 m, über den Siefsattel, 3½–4 Std. (mittel!).

Westliche Ampezzaner Dolomiten, Monte Pelmo und Civettagruppe

Bruto Carestiato, Rif., 1.850 m, CAI, Post: I-32021 Agordo, im Sommer bewirtschaftet. Zugänge: von Chiesa, 2 Std.; vom Passo Duran, ¾ Std.; von Agordo, 3 Std. Übergänge: zur Cap. Trieste, 2½ Std.; zum Rif. Vazzoler, 3 Std. Gipfel: Cima delle Masenade, 2.740 m, 3½ Std.

Città di Fiume, Rif., 1.918 m, CAI-Sektion Triest, Post: I-32020 Selva di Cadore, im Sommer bewirtschaftet. Zugang: von Pescul oder der Forcella Staulanza auf einer Fahrstraße bis wenige Meter unterhalb der Hütte. Übergänge: zum Rif. Croda da Lago über die Forcella d'Ambrizzola, 2½ Std.; zum Rif. Venezia/A. M. de Luca über die Forcella Staulanza, 3 Std.; zum Rif. Venezia/A. M. de Luca über die Forcella Forada und die Forcella Val d'Arcia, 3–3½ Std. (nur für Geübte!).

Croda da Lago, Rif. (Rif. Gianni Palmieri), 2.046 m, CAI, Post: I-32043 Cortina d'Ampezzo, im Sommer bewirtschaftet. Zugang: von Cortina auf einer schmalen Fahrstraße (9 km). Übergänge: zum Rif. Cinque Torri, 2½ Std.; zum Rif. Passo Giau und zur Cap. Gino Ravà über die Focella d'Ambrizzola, 2½ Std.; zum Rif. Città di Fiume über die Forcella Ambrizzola, 2½ Std.

Nuvolau, Rif., 2.575 m, CAI, Post: I-32043 Cortina d'Ampezzo, im Sommer bewirtschaftet. Zugänge: vom Rif. Scoiattoli (dorthin von Bai de Dones an der Großen Dolomitenstraße mit dem Sessellift), 1 Std.; vom Rif. Cinque Torri (bis dort mit Kfz) über das Rif. Scoiattoli, 1¼ Std.; vom Passo Giau über den Weg Nr. 452 und die Forcella Nuvolau, 1½ Std.; vom Passo Giau auf dem Klettersteig über die Gusella, 1½ Std. (nur für Geübte!). Gipfel: Averau, 2.648 m, über die Forcella Nuvolau und durch die Ostschlucht, 1½ Std. (nur für Geübte!).

Passo Giau, Rif., 2.236 m, privat, Post: I-32020 Colle Santa Lucia, im Sommer und Winter bewirtschaftet. Zugang: Passo Giau-Straße. Übergänge: zum Rif. Nuvolau über die Forcella Nuvolau, 1½ Std.; zum Rif. Cinque Torri und Scoiattoli, 1½ Std.; zum Rif. Croda da Lago über die Forcella d'Ambrizzola, 2½ Std. Gipfel: Gusella, 2.593 m, 1¼ Std. (nur für Geübte!).

Passo Staulanza, Rif., 1.766 m, privat, Post: I-32040 Borca di Cadore, im Sommer bewirtschaftet. Zugang: mit Kfz bis zum Haus möglich. Übergänge: zum Rif. Venezia/A. M. de Luca, 2 Std.; zum Rif. Città di Fiume, ¾ Std.; zum Rif. A. Sonino al Coldai, 2½ Std. Gipfel: M. Pelmo, 3.168 m, 5 Std.

Remàuro, Rif., 1.536 m, privat. Zugang: mit Kfz möglich auf Straße Nr. 347. Gipfel: M. Rite, 2.133 m, auf dem Dolomitenhöhenweg 3, 1½ Std.

Sennes, Rif., 2.122 m, privat, Post: I-39030 St. Vigil, im Sommer und Winter bewirtschaftet. Zugänge: vom Alpengasthof Pederù (bis dort mit Kfz), 1½ Std.; von Peutelstein über die Ra-Stua-Hütte, 2¼ Std. Übergänge: zum Rif. Fodara Velda, ¾ Std.; zur Seekofelhütte auf dem Dolomitenhöhenweg 1, 1 Std.

Sonino A. al Coldai, Rif., 2.135 m, CAI, Post: I-32010 Zoldo Alto, im Sommer bewirtschaftet. Zugänge: von Palafavera mit Kfz bis zur Casera di Pioda, von dort zu Fuß, 40 Min.; von der Forcella Staulanza über die Casera Vescova, 2½ Std.; von Alleghe, 3½ Std. Übergänge: zum Rif. A. Tissi auf dem Dolomitenhöhenweg 1, 2 Std.; zum Rif. Vazzoler auf dem Dolomitenhöhenweg 1, 4 Std. Gipfel: Monte Coldai, 2.396 m, 1 Std. (leicht!), Civetta, 3.218 m, über die »Via ferrata degli Alleghesi«, 4½–5 Std. (nur für Geübte!).

Tissi Attilio, Rif., 2.280 m, CAI, Post: I-32022 Alleghe, im Sommer bewirtschaftet. Zugang: von Alleghe, 3½ Std. Übergänge: zum Rif. A. Sonino al Coldai, 2 Std.; zum Rif. Vazzoler, 2 Std.

Trieste, Capanna, 1.135 m, privat, Post: I-32027 Listolade. Zugang: mit Auto ab Listolade oder zu Fuß, 1½ Std. Übergang: zum Rif. Vazzoler, 2 Std.

Vazzoler, Rif., 1.714 m, CAI-Sektion Conegliano, Post: I-32027 Listolade, im Sommer bewirtschaftet. Zugang: von Listolade, 3 Std. (etwa die Hälfte der Strecke ist auch mit Auto befahrbar). Übergänge: zum Rif. A. Tissi, 2 Std.; zum Rif. A. Sonino al Coldai, 2 Std.

Venezia/A. M. de Luca, Rif. 1.941 m, CAI-Sektion Venedig, Post: I-32040 Vodo di Cadore, im Sommer bewirtschaftet. Zugänge: von Borca di Cadore 3 km mit Auto, dann zu Fuß in 2¼ Std.; von Zoppé di Cadore, 2 Std. (auch mit Auto und dann zu Fuß in 1 Std.). Übergänge: zum Passo Staulanza, 2 Std.; zum Rif. Città di Fiume über den Passo Staulanza, 3 Std.; zum Rif. Città di Fiume über die Forcella Val d'Arcia und die Forcella Forada, 3–3½ Std. (nur für Geübte!). Gipfel: Monte Pelmo, 3.168 m, 5 Std. (nur für Geübte!).

Oberes Fleimstal, Fassatal und Marmoladagruppe

Castiglioni Ettore, Rif. (Marmoladahaus), 2.054 m, CAI, Post: I-38032 Canazei, ganzjährig bewirtschaftet. Zugang: von Canazei auf der neuen Straße zum Fedaiapaß. Übergänge: zum Rif. Pian dei Fiacconi mit Sessellift; zum Rif. Viel del Pan, auf dem Bindelweg, 1 Std.; zum Pordoijoch auf dem Bindelweg, 2¼ Std. Gipfel: Marmolada di Penia, 3.342 m, 5 Std. (nur für Geübte!).

Contrin, Rif., 2.016 m, Associazione Nazionale Alpini, Post: I-38032 Canazei, im Sommer und Winter bewirtschaftet. Zugang: von Canazei, 2½ Std.; von Alba 1¾ Std. Übergänge: zum Rif. Berti, 1¾ Std.; zum Rif. O. Falier über den Passo Ombrettola, 3 Std.; zum Rif. Fucchiade über den Passo di Cirelle, 3½ Std.; nach Meida im Fassatal über den Passo di Cirelle, 3½ Std.; nach

Meida im Fassatal über den Passo San Nicolò, 4 Std.; zum Rif. Pian dei Fiacconi über die Forcella di Marmolada und den Marmoladagletscher, 4 Std. (nur für Geübte!). Gipfel: Marmolada di Penia, 3.342 m, über die Forcella di Marmolada und den Westgrat, 5 Std. (gesicherter Klettersteig von der Forcella zum Gipfel), (nur für Geübte!), i Col Ombert, 2.670 m, 2 Std. (leicht!); Sasso Vernale, 3.054 m, $2\frac{1}{2}$ Std. (mittel!).

Falier Onorio, Rif., 2.080 m, CAI-Sektion Venedig, Post: I-32023 Caprile, im Sommer bewirtschaftet. Zugang: von Malga Ciapela, 2 Std. Übergänge: zum Rif. Contrin über den Passo Ombrettola, 3 Std.; zum Passo San Pellegrino über den Passo Ombrettola und den Passo di Cirelle, $5\frac{1}{2}$ Std. Gipfel: Sasso Vernale, 3.054 m, 3 Std. (mittel!); Cima Ombrettola, 2.922 m, 3 Std. (mittel!).

Fedaia, Rif., 2.040 m, siehe unter Castiglioni Ettore, von dem es 5 Min. entfernt liegt.

Passo di Lusia, Rif., 2.055 m, privat, Post: I-38037 Moena, im Sommer und Winter bewirtschaftet. Zugang: mit Kfz bis zum Haus möglich oder mit der Seilbahn vom Valle di San Pellegrino. Gipfel: Piavac, 2.272 m, $\frac{3}{4}$ Std.; Viezzena, 2.491 m, $1\frac{1}{2}$ Std.; Cima. Lusia, 2.490 m, $1\frac{3}{4}$ Std.

Passo di San Pellegrino, Hotels und Hospiz, 1.919 m, privat, ganzjährig bewirtschaftet. Zugänge: von Moena, $3\frac{1}{4}$ Std., Straße; von Falcade, 2 Std., Straße. Übergänge: zum Contrinhaus über den Cirellepaß, $4\frac{3}{4}$ Std.; zum Rif. Torquato Taramelli über den Passo le Selle, 3 Std.; zum Rif. O. Falier über den Cirelle- und Ombrettolapaß, 5 Std.

Passo Valles, Rif., 2.033 m, privat, Post: I-32020 Falcade, ganzjährig geöffnet. Zugang: mit Kfz bis zum Haus möglich; von Paneveggio, $2\frac{1}{4}$ Std.; von Falcade, 2 Std. Übergänge: zum Rif. Mulaz, 4 Std.; zum Passo Rolle, $3\frac{1}{2}$ Std.; zur Baita Segantini, $2\frac{3}{4}$ Std. Gipfel: M. Pradazzo, 2.276 m, 1 Std.; Cima. Venegiotta, 2.405 m, $1\frac{1}{4}$ Std.; Cima. Valles, 2.306 m, 1 Std.

Pradazzo, Rif., 2.253 m, privat. Zugang: vom Passo di Valles, 1 Std. Übergang: zum Rif. Laresei, 15 Min.

Rezila, Rif., 1.761 m, privat, Post: I-38035 Moena, im Sommer bewirtschaftet. Zugang: mit Kfz von Moena bis zum Haus möglich oder zu Fuß 1 Std. Übergang: zum Rif. Passo Lusia, 1 Std.

Viel del Pan, Rif., 2.432 m, privat, Post: I-38032 Canazei, im Sommer und Winter bewirtschaftet. Zugänge: vom Pordoijoch, $1\frac{1}{4}$ Std.; vom Rif. E. Castiglioni, 1 Std.

Pale di San Martino

Cant del Gal, Rif., 1.160 m, privat. Zugang: mit Auto ab Tonadico; siehe Baita la Ritonda.

Cereda, Rif., 1.361 m, privat, Post: I-38054 Fiera di Primiero, ganzjährig geöffnet. Zugang: mit Kfz bis zum Haus. Übergänge: zum Rif. Treviso in Val Canali, $4\frac{1}{2}$ Std.; zum Rif. Bruno Boz, $2\frac{1}{2}$ Std. Gipfel: Cimonega, 2.547 m, 4 Std.

Cervino, Capanna, 2.082 m, privat, Post: I-38050 Siror, im Winter bewirtschaftet. Zugang: mit Kfz bis zum Haus oder vom Passo di Rolle, $\frac{1}{2}$ Std. Übergänge: zur Baita Segantini, $\frac{1}{2}$ Std.; zum Rif. Mulaz, $3\frac{1}{2}$ Std.

Cima Comelle, Rif., 1.333 m, privat. Zugang: von Gares, 15 Min. Übergang: zum Rif. Mulaz, 5 Std.

Colbricon, Rif., 1.927 m, privat, Post: I-38058 San Martino di Castrozza, im Sommer bewirtschaftet. Zugänge: vom Passo di Rolle, $\frac{3}{4}$ Std.; von San Martino di Castrozza, 2 Std. Übergänge: zum Rif. Malga Ces, $\frac{1}{2}$ Std.; zum Passo di Rolle, $\frac{3}{4}$ Std. Gipfel: Colbricon, 2.602 m, $3\frac{1}{4}$ Std.

Juribello, Malga, 1.868 m, privat. Zugang: von Piano dei Casoni, 1 Std. Übergang: zum Passo di Rolle, 45 Min.

La Ritonda, Baita, Rif., 1.186 m, privat. Zugang: mit Auto von Fiera di Primiero. Übergänge: zum Rif. Treviso in Val Canali, 1 Std.; zum Biv. Minazio, 4 Std.; zum Rif. Pradidali, 3 Std.

Mulaz, Rif., 2.571 m, CAI Sektion Venedig, Post: I-32020 Falcade, im Sommer bewirtschaftet. Zugänge: vom Passo Rolle, 3 Std.; von der Baita Segantini, $2\frac{1}{2}$ Std.; von Falcade, 3 Std.; von Paneveggio, 4 Std. Übergänge: zum Biv. Brunner, 3 Std. nach Gares, 3 Std.; zum Rif. Pedrotti alla Rosetta, 5 Std.; zum Passo di Valles, 3 Std. Gipfel: M. Mulaz, 2.906 m, 1 Std.; Sasso Arduini, 2.582 m, $\frac{1}{4}$ Std.; Cima di Campido, 3.001 m, 3 Std.

Padreterno, Rif., 1.316 m, privat; siehe unter Rif. Cereda.

Passo di Rolle, Hotels 1.984 m, privat, Post: I-38030 Passo Rolle, ganzjährig geöffnet. Zugang: mit dem Kfz. Übergänge: zur Baita Segantini, $\frac{3}{4}$ Std.; zum Rif. Mulaz, 3 Std.; zum Rif. Colbricon, 2 Std. Gipfel: Palagruppe.

Pradidali, Rif., 2.278 m, CAI-Sektion Treviso, Post: I-38054 Tonadico, im Sommer bewirtschaftet. Zugänge: vom Rif. Cant de Gal, 3 Std.; von San Martino di Castrozza, 3½ Std. Übergänge: zum Rif. Treviso im Val Canali, 4 Std.; zum Rif. Pedrotti alla Rosetta, 2 Std. Gipfel: Cima di Ball, 2.893 m, 2 Std.; Cima del Lago, 2.765 m, 2½ Std.; Cima Pradidali, 2.754 m, 2 Std.

Pedrotti alla Rosetta, Rif., 2.581 m, SAT, Post: I-38054 Tonadico, im Sommer bewirtschaftet. Zugänge: mit der Seilbahn von San Martino – Col Verde – Rosetta und noch ¼ Std. zu Fuß oder von San Martino zu Fuß, 2½ Std.; von Gares, 4 Std. Übergänge: zum Rif. Col Verde, 1½ Std.; zum Rif. Mulaz, 4 Std.; zum Rif. Treviso in Val Canali, 4 Std. Gipfel: La Rosetta, 2.743 m, ½ Std.; Cima Corona, 2.768 m, ¾ Std.; Cima della Vezzana, 3.192 m, 2¾ Std.

Segantini, Baita, 2.174 m, privat. Zugang: mit Auto vom Passo di Rolle. Übergänge: zum Punta Rolle, 2.222 m, ½ Std.; zum Rif. Mulaz, 2½ Std.; zur Malga Juribello, 1 Std.

Treviso in Val Canali, Rif., 1.631 m, CAI di Treviso. Zugang: vom Rif. Cant del Gal (siehe dort). Übergänge: zum Biv. Minazio, 1¾ Std.; zum Biv. Reali (nur für Geübte!), 3 Std.

Da die Angaben eines Wanderführers in der heute so schnellebigen Zeit fast ständig Veränderungen unterworfen sind, kann für die Richtigkeit keine absolute Gewähr übernommen werden. Auch lehrt die Erfahrung, daß Irrtümer nie ganz zu vermeiden sind. Für Berichtigungen und Verbesserungsvorschläge ist die Redaktion daher stets dankbar. Korrekturhinweise bitte an folgende Anschrift: Fleischmann & Mair GmbH & Co.KG., Kaplanstraße 2, A-6040 Innsbruck-Neurum.

Alpines Notsignal: Sechsmal *innerhalb einer Minute in regelmäßigen Zeitabständen ein sichtbares oder hörbares Zeichen geben und hierauf eine Pause von einer Minute eintreten lassen. Das gleiche wird wiederholt, bis Antwort erfolgt.*

Antwort: *Innerhalb einer Minute wird* ***dreimal*** *in regelmäßigen Zeitabständen ein sichtbares oder hörbares Zeichen gegeben.*

Orte · Hütten · Berge

Notizen:

Das große KOMPASS-Wanderkartenprogramm Alpen 1:50.000

Eine farbige Schnittübersicht der KOMPASS-Wanderkarten erhalten Sie kostenlos bei Ihrem Buchhändler oder beim Verlag.

● = Titel mit Kurzführer
□ = Titel mit Radwanderwegen
○ = Titel mit Langlaufloipen
△ = Titel mit alpinen Skirouten
* = Titel in Vorbereitung
Sondermaßstäbe siehe Titelverzeichnis

K 1a	Bodensee – West ● □
K 1b	Bodensee – Ost ● □
K 1c	Bodensee, Gesamtgebiet 1:75.000 ● □
K 2	Bregenzer Wald – Westallgäu ● □
K 02	Oberstaufen 1:25.000 ● □ ○
K 3	Allgäuer Alpen – Kl. Walsertal ● □
K 03	Oberstdorf – Kleinwalsertal 1:30.000 ● □ ○
K 4	Füssen – Außerfern ● □
K 5	Wettersteingebirge ● □
K 05	Oberammergau und Ammertal 1:35.000 ● □
K 6	Walchensee – Wallgau – Krün ● □
K 7	Murnau – Kochel – Staffelsee ● □
K 8	Tegernsee – Schliersee ● □
K 08	Tegernseer Tal 1:30.000 ● □ ○
K 008	Bayrischzell – Schliersee 1:35.000 ● □
K 9	Kaisergebirge ●
K 09	Kufstein – Kaisergebirge 1:30.000 ● □ ○
K 009	Oberaudorf 1:30.000 □
K 10	Chiemsee – Simssee ● □
K 012	Kössen – Zahmer Kaiser 1:30.000 ● □ ○
K 14	Berchtesgadener Land – Chiemgauer Alpen ● □ △
K 15	Tennengebirge – Hochkönig ● □ △
K 16	Traunstein – Waginger See ● □
K 17	Salzburger Seengebiet ● □
K 017	Salzburg und Umgebung 1:35.000 ● □
K 18	Nördl. Salzkammergut ● □
K 018	Wolfgangsee 1:35.000 ● □
K 19	Almtal – Kremstal – Steyrtal ●
K 20	Südl. Salzkammergut ● □
K 21	Feldkirch – Vaduz ● □
K 24	Lechtaler Alpen – Hornbachkette ●
K 25	Ehrwald – Lermoos – Mieminger Kette ●
K 26	Karwendelgebirge ● □
K 026	Seefeld (Tirol) 1:25.000 ● □ ○
K 27	Achensee – Rofangebirge ● □ △
K 28	Nördliches Zillertal ● □ △
K 29	Kitzbüheler Alpen ● ○ △
K 029	Kitzbühel 1:30.000 ● ○ △
K 30	Saalfelden – Leoganger Steinberge ● △
K 030	Zell am See – Kaprun 1:30.000 ● □ ○
K 31	Radstadt – Schladming ● □ △
K 32	Bludenz – Schruns – Klostertal ● △
K 33	Arlberg – Nördl. Verwallgruppe ● △
K 35	Imst – Telfs – Kühtai ●
K 36	Innsbruck – Brenner ● □ △
K 036	Innsbruck – Igls – Hall i. Tirol 1:30.000 ● □
K 37	Zillertaler Alpen – Tuxer Voralpen ● △
K 38	Venedigergruppe – Oberpinzgau ● △
K 39	Glocknergruppe – Zell a. See ● ○ △
K 40	Gasteiner Tal – Goldberggruppe ●
K 040	Badgastein – Bad Hofgastein 1:30.000 ●
K 41	Silvretta – Verwallgruppe ● △
K 42	Landeck – Nauders – Samnaun ● △
K 43	Ötztaler Alpen ● △
K 043	Naturpark Texelgruppe – Meraner Höhenweg 1:35.000 ● △
K 44	Sterzing/Vipiteno ● △
K 044	Passeiertal/Val Passiria 1:40.000 ● △
K 45	Defereggental – Lasörlinggruppe ● △
K 46	Matrei (Osttirol) – Venedigergruppe ● △
K 47	Lienzer Dolomiten – Lesachtal ● △
K 047	Lienzer Talboden 1:25.000 ● ○
K 48	Kals – Granatspitzgruppe ● △
K 49	Mallnitz – Obervellach ●
K 50	Heiligenblut – Döllach ● △
K 52	Vinschgau/Val Venosta ● △
K 052	Ultental/Val d'Ultimo 1:40.000 ● △

K 53 Meran/Merano ● △
K 053 Meran 1:25.000 ●
K 54 Bozen/Bolzano ● △
K 054 Lana 1:25.000 ●
K 55 Cortina d'Ampezzo ● △
K 56 Brixen/Bressanone ● △
K 056 Sarntal/Val Sarentina 1:40.000 ● △
K 57 Bruneck – Toblach ● △
K 58 Sextener Dolomiten ● △
K 59 Sellagruppe – Marmolada ● △
K 60 Gailtaler Alpen – Karnische Alpen ●
K 61 Wörther – Faaker – Ossiacher See ● □
K 061 Wörther See – Klagenfurt 1:30.000 ● □
K 63 Millstätter See – Nockgebiet ● □ △
K 063 Bad Kleinkirchheim 1:25.000 ● ○
K 64 Villacher Alpe – Unteres Drautal ●
K 064 Villach – Warmbad Villach 1:22.500 ●
K 65 Klopeiner See – Östl. Karawanken ● □
K 065 Klopeiner See 1:25.000 ● □
K 66 Maltatal – Liesertal ● △
K 67 Lungau – Radstädter Tauern ● △
K 68 Ausseerland – Ennstal ● △
K 69 Gesäuse – Pyhrn – Priel ● □ △
K 70 Gesäuse – Ennstaler Alpen ●
K 71 Adamello – La Presanella ● △
K 72 Ortler/Ortles – Cevedale ● △
K 072 Nationalpark Stilfser Joch/ Parco Nazionale dello Stelvio ●
K 73 Gruppo di Brenta ● △
K 073 Dolomiti di Brenta 1:30.000 ● △
K 74 Tramin/Termeno – Cavalese ● △
K 75 Trento – Levico – Lavarone ● △
K 76 Pale di San Martino ● △
K 77 Alpi Bellunesi ●
K 78 Altipiano dei Sette Comuni ● △
K 80 Großarltal – Kleinarltal ● △
K 81 Wörgl – Hopfgarten – Gerlos – Wildschönau ● △
K 82 Tauferer – Ahrntal/Valle di Tures ● △
K 082 Ahrntal/Valle Aurina 1:40.000 ● △
K 83 Stubaier Alpen – Serleskamm ● △
K 85 Mont Blanc/Monte Bianco ● △
K 86 Gran Paradiso – Valle d'Aosta ● △
K 87 Breuil/Cervinia – Zermatt ● △
K 88 Monte Rosa ● △
K 89 Domodóssola ● △
K 90 Lago Maggiore – Lago di Varese ● △
K 91 Lago di Como – Lago di Lugano ● △
K 92 Chiavenna – Val Bregaglia ● △
K 93 Bernina – Sondrio ● △
K 94 Edolo – Aprica ● △
K 96 Bormio – Livigno – Corna di Campo ● △
K 97 Omegna – Varallo – Lago d'Orta ● △
K 100 Monti Lessini ●
K 101 Rovereto – Monte Pasubio ● △
K 102 Lago di Garda – Monte Baldo ●
K 103 Le Tre Valli Bresciane △
K 104 Foppolo – Valle Seriana ● △
K 105 Lecco – Valle Brembana ● △
K 120 Europäischer Fernwanderweg E5 Teilstrecke Nord: Konstanz – Mittelberg ●
K 121 Europäischer Fernwanderweg E5 Teilstrecke Süd: Mittelberg – Verona ●
K 134 Glantal – St. Veit
K 179 Pfaffenwinkel – Schongauer Land ● □
K 0179 Bad Kohlgrub 1:10.000/1:35.000 ●
K 180 Starnberger See/Ammersee ● □
K 0180 Radwanderkarte Fünfseenland ● □
K 181 Rosenheim – Bad Aibling ● □
K 182 Isarwinkel ● □
K 183 Freising – Erding – Markt Schwaben ● □
K 0184 Bad Wörishofen 1:20.000 ● □
K 186 Oberschwaben – Leutkirch ● □
K 187 Isny – Wangen ● □
K 188 Kaufbeuren – Ostallgäu ● □
K 189 Landsberg/Lech – Ammersee ● □
K 190 Augsburg – Dachau – Fürstenfeldbruck ● □
K 207 Wachau – Nibelungengau ● □
K 209 Wienerwald 1:35.000 ● □ ○
K 215 Neusiedler See ●
K 640 Nice – Monaco – San Remo ●
K 641 Alássio – Impéria ●

K 633 **KOMPASS-Auto- und Wanderatlas Südtirol – Dolomiten** 1:75.000 ●

KOMPASS-Wanderkartenprogramm Italien 1:50.000

Sondermaßstäbe siehe Titelverzeichnis

K 600 Colli Euganei – Albano Terme 1:14.000/1:30.000 ●
K 650 Isola d'Elba 1:30.000 ●
K 660 Firenze – Chianti ●
K 661 Siena – Chianti – Colline Senesi ●
K 664 Gúbbio – Fabriano ●
K 665 Assisi – M.te Pennino – Camerino ●
K 666 Monti Sibillini ● △
K 680 Isola d'Ischia e Procida 1:10.000/1:15.000 ●
K 681 Isola di Capri 1:7.500 ●
K 682 Penisola Sorrentina ●
K 693 Isole Eolie o Lipari 1:25.000 ●

Titel der KOMPASS-Wanderbücher

Österreich

901 Reutte-Außerfern
902 Ötztal-Pitztal
903 Zillertal-Gerlos
904 Kitzbüheler Alpen
905 Kufstein-Kaisergebirge
906 Stubaital-Wipptal
907 Karwendel-Rofan
908 Innsbruck-Seefeld
909 Kaunertal-Samnaun
910 Arlberg-Silvretta
911 Bludenz-Montafon
912 Bregenzer Wald
913 Lienz-Osttirol
914 Zell am See-Oberpinzgau
915 Lofer-Saalfelden
916 Salzburg-Tennengau
917 Gasteiner Tal-Pongau
918 Salzkammergut-Dachstein
978 Mölltal-Maltatal-Liesertal
979 Wachau-Nibelungengau
980 Wienerwald
981 Kärntner Seen-Klagenfurt
982 Gailtal-Lesachtal-
Karnischer Höhenweg

Deutschland

920 Berchtesgadener Land
921 Chiemgau-Bayer. Inntal
922 Tegernsee-Schliersee-Bad Tölz
923 Garmisch-P.-Werdenfelser Land
924 Pfaffenwinkel-Ostallgäu
925 Allgäuer Alpen
926 Fünfseenland
940 Insel Sylt

Italien

950 Vinschgau-Ortlergruppe
951 Meran-Burggrafenamt
952 Südtiroler Weinstraße-Unterland
953 Bozen-Salten-Schlern
954 Eisacktal
955 Pustertal-Tauferer-Ahrntal
956 Dolomiten
957 Brentagruppe
966 Klettersteige Dolomiten-Nord
967 Klettersteige Dolomiten-Süd

Titel der KOMPASS-Stadtführer

Österreich

501 Innsbruck-Igls-Hall
510 Salzburg
520 Wien
530 Graz
535 Klagenfurt-Wörther See

Deutschland

580 München

Italien

540 Brixen-Klausen
545 Bozen
550 Meran
555 Trento (Trient)
560 Venedig
564 Florenz
568 Rom
572 Siena
575 Verona

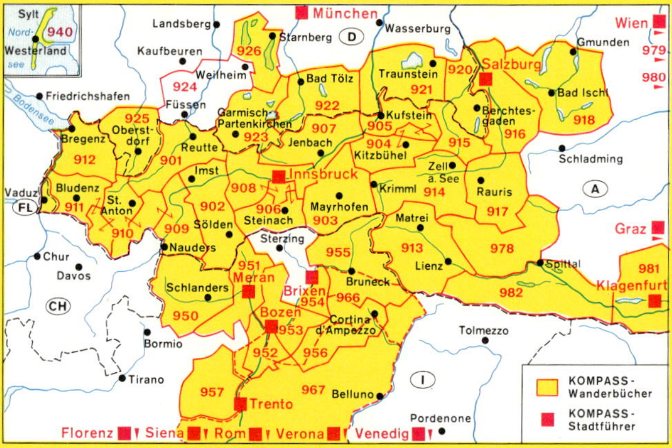